高校众创空间的
模式、问题及治理机制研究

郑育家◎著

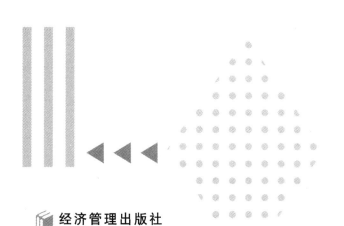

经济管理出版社

ECONOMY & MANAGEMENT PUBLISHING HOUSE

图书在版编目（CIP）数据

高校众创空间的模式、问题及治理机制研究/郑育家著 . —北京：经济管理出版社，2022. 11

ISBN 978-7-5096-8802-1

Ⅰ.①高⋯　Ⅱ.①郑⋯　Ⅲ.①高等学校—创业—研究—中国　Ⅳ.①G647.38

中国版本图书馆 CIP 数据核字（2022）第 202939 号

责任编辑：乔倩颖
责任印制：许　艳
责任校对：王淑卿

出版发行：经济管理出版社
　　　　　（北京市海淀区北蜂窝 8 号中雅大厦 A 座 11 层　100038）
网　　址：www. E-mp. com. cn
电　　话：（010）51915602
印　　刷：唐山昊达印刷有限公司
经　　销：新华书店
开　　本：720mm×1000mm/16
印　　张：10.75
字　　数：152 千字
版　　次：2022 年 12 月第 1 版　　2022 年 12 月第 1 次印刷
书　　号：ISBN 978-7-5096-8802-1
定　　价：68.00 元

前　言

技术知识是最重要的经济增长要素之一，核心技术更关乎国民经济命脉。创新和创业直接改变一国经济的生产函数形式，为经济增长注入比物质资本、人力资本、自然资源等生产要素更大的潜力。众创空间是新技术、新模式的摇篮，高校是"双创"人才的集聚地，高校众创空间的发展为一国经济输送着源源不断的人才、技术和新创意。

为掌握近年来我国高校创办的众创空间的发展状况，同时为相关部门进一步完善和改进高校创新创业教育体系提供建议，我们在 2017 年 6 月到 2020 年 12 月对北京、上海、天津、青岛、杭州、深圳、成都、长沙、广州等地的 10 多家高校众创空间和数十家企业众创空间进行了深入调研，采用访谈和问卷调查等形式对这些众创空间的管理者和高校学生进行了调研，对众创空间的组织模式、运行机制、发展状况、存在的问题进行了分析，并对 8 家具有示范作用的高校众创空间的发展经验进行了总结，为其他高校众创空间的建设提供了经验借鉴。

从创立主体上看，我国高校众创空间主要有三种模式：高校独立自主创建模式、"高校+企业"小联合模式以及"高校+企业+政府"大联合模式。各高校众创空间的名称也不完全相同，如"清华大学 i. Center""上海交通大学零号湾""浙江大学 e-WORKS 创业实验室"等。在"985"和"211"等重点高校中，三种主导模式的高校众创空间均呈现出较好的发展势头，但不少非重点高校的众创空间仍然存在明显的发展困境，主要表现在以下几个方面：首先，发展模式定位不清，由此造成同质化现象严重、盈利模式不明确等问题。其次，发展不均衡，实际运行效果差异较大。再次，服务内容既不全面，也不深入，没能形成促进创业的全方位、多角度的服务生态体系。最后，运营和治理机制不完善，没有和高校专业教育产生良好的协同效应。

从建设思路和运营机制上看，高校众创空间的发展有三种思路：第一种是从专业教育入手，然后向创业实践端延伸，如清华大学 i. Center。其前身是 1996 年创建的基础工业训练中心，而基础工业训练中心的前身是金属工艺学教研室。经过两次升级之后，i. Center 变身为全面的高校众创空间，集制造、创造及设计于一身。第二种是从创业培训入手，向创业生态系统延伸，如北京大学创业训练营。开始创建时其只集中于创业培训，也只在北京大学校园内进行，后来逐渐推广到全北京市，再后来在全国十几个地方设立基地。如今，北京大学创业训练营的星星之火已成燎原之势，在苏州、扬州也已经分别设立基地，逼近全国科创中心的上海，给上海的高校众创空间造成了不小的压力。第三种是高校企业和政府多方联合，创业教育、创业实践、创业孵化等同步多点展开。上海交通大学零号湾、浙江大学 e-WORKS 创业实验室便是这种模式。这三种模式各有优缺点，清华大学模式的特点是基础扎实，主要服务于本校大学生；北京大学模式的特点是推广迅速，快速推广至全国，吸收优秀的创业者；上海交通大学、浙江大学模式的特点是起点高，与科技园区深度融合。目前三种模式均呈现较好的发展势头，但对不少高校众创空间来说，仍然存在发展困境。

示范性高校众创空间的发展经验包括以下几个方面：①清晰定位，普惠式"双创"教育。高校众创空间的服务对象主要是高校学生，因此应有别于企业孵化器。高校众创空间应该具备"低成本、便利化、全要素、开放式"的特征。②统一思想，将创业教育融入到人才培养中。高校的优势在于启用一套成熟的专业教育体系和完备的课程设置体系，劣势在于创业教育体系起步较晚且还不够完善。创业教育在很多高校中也只是近年来才开展，并且重视程度不够。

要使高校众创空间真正成为"双创"人才的摇篮，必须要统一思想，发挥高校传统的专业教育优势，将创业教育融入到人才培养中，使创新创业教育和专业学位教育在制度上融为一体，无缝衔接。③项目遴选坚持市场化导向。高校众创空间的建设资金虽然来自于财政资金，但在具体运作的过程中，由于创新、创业项目最终要面向市场，需要到市场中搏击，因此高校众创空间在项目的遴选上也应当坚持以市场为导向。④完善全要素创业生态系统。理想化的众创空间应当是一个服务于大众创新创业的生态体系，应当包含从创意产生到创业落地整个过程的完整链条。链条中的任何一个环节缺失，都会影响整个创新创业流程的效率，甚至可能会使整个众创空间流于形式。⑤瞄准科技前沿，以"前沿"换资金。高校众创空间的发展应当体现国家战略。高校总是站在高新技术前沿，具备良好的人才基础。因此，高校众创空间应该鼓励创客们将"互联网+"、大数据、人工智能作为重点突破方向，结合先进的互联网工具，以科技创新为核心推动全面创新，帮助中国经济成功跨越"增长的陷阱"，实现国家发展"弯道超车"。瞄准科技前沿还有一个好处是，可以用"前沿"换取企业的资金支持。高校众创空间在设立时可以依靠学校先期投入开展基础设施建设和创新教学项目开发，但后期运行经费应当多元化，可以来自于合作企业、政府专项基金、社会捐助和教育培训等，最好实现自主运行、良性循环。⑥强化"全面"的创新创业服务。众创空间的发展重在完善和提升创新创业服务功能，要通过便利化、全方位、高质量的创业服务，让更多人参与创新创业，让更多人能够实现成功创业。创新创业是一项系统性工程，因此，众创空间在服务上也应当系统化、全面化，要涵盖创新创业服务全过程，包括政策服务、孵化服务、融资服务及后端的知识产权服务等。⑦重塑创业教育体系，实现与专业教育无缝衔接。高校传统的教育教学方法及课程体系和众创空间的教学方式及课程体系存在着较大的差异。为了能将两者有效衔接起来，有必要对课程体系、教学方法进行重新设计，突出人才培养的创新性、实践性和技术技能的应用性。这些经验和做法对其他高校具有非常好的借鉴作用，也为政府评估高校众创空间提供了很好的参照标准。⑧建立区域性或全国性众创空间联盟。一方面可以解决众创空间建设资金不足的问题，另一方面也可以使联盟里的创投导师资源和创业资金得到更有效的利用。例如，由上海交通大学、复旦大学、上海财经大学、同济大学、华东师范大学、上海理工大学等高校发起成立的上海高校创新创业教育联盟，由浙江大学联合清华大学、北京大学等众多高校发起成立的中国高校众创空间联盟等。这些区域性创新创业联盟对于提升高校创新创业成功率发挥了重要作用。

总之，我国的高校众创空间目前还处于起步阶段，在"985""211"和其他普通高校中发展非常不均衡。不过，示范性高校众创空间的经验和做法对其他高校具有非常好的借鉴作用，也为政府评估高校众创空间提供了很好的参照标准。从国内"双一流"高校和国外一流高校对比来看，众创空间在建设思路、管理制度等方面已经比较一致，国内高校众创空间的创新创业氛围以及大框架已基本形成，今后要做的就是进一步细化和完善各项管理制度。不过，两者之间的差异和差距也依然存在。首先是在众创空间的建设资金供给上，国内高校主要是来自于政府拨款，而国外高校主要来自于企业资助。其次是在创业氛围上，国内高校主要还是依赖于政府和教育部门的大力推动，国外高校更依赖于学生的自发创业意愿。最后就是国内高校众创空间和企业之间的合作还不够紧密，往往是高校主动邀请企业建立合作关系，但企业的积极性不高，这可能是由于高校众创项目的应用性不够强，与企业的实际需求存在一定的差距。而国外往往是企业主动与高校建立合作关系，因此企业主动提供创投指导和资金支持。在国内高校学生普遍重视和珍惜"双一流"高校学位证书的前提下，要改变这种局面并不容易，国内高校众创空间应当进一步加大对处于科技前沿以及实践应用性强的项目的支持力度，允许企业带项目、带资金与高校及师生之间展开合作。

本书是全国教育科学规划项目"高校众创空间的模式、问题及治理机制研究"的研究成果之一，感谢全国教育科学规划项目的支持。

目　录

第一部分　高校众创空间的发展趋势及鼓励性政策

第一章　高校众创空间发展的政策背景 ·························· 3

　　第一节　从"创客空间"到众创空间 ···················· 3

　　第二节　企业利用众创推动创新的主要模式 ·············· 4

　　第三节　企业主导的众创空间的运行机制 ················ 8

　　第四节　众创空间与孵化器、联合办公等概念之间的关系 ······ 10

　　第五节　从企业众创空间到高校众创空间 ················ 11

第二章　鼓励众创空间发展的相关政策 ······················ 21

　　第一节　国家层面的政策 ·························· 21

　　第二节　部分地方政府制定的政策 ···················· 23

第二部分　主导模式及控制权安排

第三章　一个理论框架：高校众创空间的主导模式 ················ 29

　　第一节　高校众创空间的组织模式与控制权安排 ············ 29

第二节　模型 ·· 32

第三节　比较静态分析 ··· 36

第四节　进一步解释：不同主导模式的实践 ············· 38

第五节　结论及进一步研究 ·· 40

第四章　国际一流高校建立创客空间的主要模式和运行机制 ········· 42

第一节　MIT Fab Lab：政府资助模式 ····················· 42

第二节　MIT Media Lab：校企合作的开放实验室模式 ········· 45

第三节　UC CITRIS：政府投资的创客空间综合体模式 ········· 48

第四节　Stanford D. school：高校主导模式 ·············· 52

第五节　UMV Think Lab：高校主导的图书馆创客空间模式 ········· 54

第六节　国际名校创客空间的借鉴与启示 ················· 55

第三部分　治理机制：问题及思路

第五章　企业和政府主导的众创空间运行机制案例 ··············· 61

第一节　企业主导的众创空间案例：腾讯众创综合体 ········· 61

第二节　政府主导的众创空间案例：杭州梦想小镇 ········· 69

第三节　经验借鉴 ··· 73

第六章　我国高校众创空间的治理机制：问题及举措 ············· 77

第一节　我国高校众创空间的主要模式 ···················· 77

第二节　高校众创空间发展存在的主要问题 ············· 79

第三节　"双创"基础课程教学效果改进：从"对分课堂"

到"三分课堂" ·· 84

第七章　基于生态圈理论的高校众创空间 ……………… 94

第一节　高校众创空间的双创生态圈内涵 ……………… 94

第二节　高校众创空间生态圈和圈外市场经济的连接 ……… 96

第三节　上海交通大学"零号湾"国际创业社区 ………… 100

第四部分　典型案例

第八章　具有示范作用的高校众创空间案例 ………… 109

第一节　上海交通大学"学生创新中心" ……………… 110

第二节　清华大学 i. Center——专属于清华人的众创空间 … 121

第三节　北京大学创业训练营 ……………… 125

第四节　浙江大学 e-WORKS 创业实验室 ……………… 128

第五节　厦门大学：火炬极客空间 ……………… 131

第六节　中南大学：学生创新创业指导中心 ……………… 133

第七节　四川大学：智造梦工场 ……………… 136

第八节　南京大学："科创之星" ……………… 138

第九节　上海十大高校众创空间特色比较 ……………… 141

第五部分　结论

第九章　结论与政策建议 ……………… 149

参考文献 ……………… 156

第一部分 高校众创空间的
发展趋势及鼓励性政策

第一章　高校众创空间发展的政策背景

第一节　从"创客空间"到众创空间

众创空间一词是中国政府的首创，国外对应的词汇是"创客空间"（Maker Space）。建立众创空间是中国政府基于世界科技发展形势和中国经济发展状况而提出的一项战略性举措，是从根本上推动人力资本和技术这两大生产要素产生协同作用以共同推进经济发展的创新性举措，是解决技术转化为生产力的"最后一公里"的实质性举措。众创空间继承了"创客空间"的发展精神，但形成了更加完善的组织模式、运行机制及保障措施。

2014年9月，李克强总理在夏季达沃斯论坛开幕式上首次提出掀起大众创业、草根创业的新浪潮，形成万众创新、人人创新的新态势。2015年1月4日，李克强总理在深圳考察柴火创客空间后指出，"大众创业、万众创新"将会成为中国经济未来增长的不熄引擎。2015年1月28日，李克强总理主持召开国务院常务会议，进一步明确提出构建面向人人的众创空间等创业服务平台，强调"培育包括大学生在内的各类青年创新人才和创新团队"等支持发展众创空间的政策措施，这是众创空间一词第一次正式出现在中央文件中。2015年3月，国务院办公厅印发了《关于发展众创空间推进大众创新创业的指导意见》（国办发〔2015〕9 号，以下简称《意见》），这个纲领性文件首次在国家层面提出构建众创空间平台，支持大众创新创业。2015 年 9 月，科技部印发了《发展众创空间工作指引》（国科发火〔2015〕297 号），明确了众创空间的基本原则、主要特征、建设条件、服务功能及保障措施等方面的内容。

中国政府的支持大大助力了众创空间的发展。从 2015 年 11 月到 2016 年 10 月，不到一年的时间，科技部分三批遴选了优秀的众创空间并进行了备案公示，共计 1337 家众创空间。其中，第一批 136 家，第二批 362 家，第三批 839 家。2017 年之后科技部每年都进行备案，2019 年有 60 家企业类型众创空间因未达标而退出国家备案目录。截至 2020 年 10 月，通过国家备案的在运营众创空间共 2386 家，其中有 166 家高校众创空间，经公示备案的众创空间将统一纳入国家级科技企业孵化器的管理服务体系进行管理。

第二节　企业利用众创推动创新的主要模式

从创新的参与者角度来看，企业的创新可以分为三种模式或三个层面：第一，企业内部员工之间的协同创新；第二，企业与用户之间的协同创新；第三，企业与社会大众之间的协同创新。实际上无论在过去还是未来，企业的创新都包含着这三个层面的含义，只不过在互联网社会形成之前，第三个层面的创新由于成本高昂而无法形成。在互联网社会形成之后，众创的模式才真正到来。

早在 2007 年 10 月，《经济学家》杂志就预言了众创（Mass Innovation）的到来，认为在互联网有关平台上，全球大众都将可以根据兴趣和专长自由参与有关创新的过程。相对于传统的企业内部创新，众创有明显的比较优势。第一，众创同时在技术和市场两个方面扩大了创新信息资源，而这两方面正是企业创新的两大关键环节。第二，在互联网平台上大众不仅能够扩大创新信息资源，而且能够对创新信息进行评价、过滤和筛选。在众创时代，技术用户的作用得到了更加充分的体现，众创比传统的内部创新更有可能促进有价值的创新思想涌现，而不被多数看好的技术知识或方案在互联网平台上仍然保留存在的权利和能力，从而形成创新思想的长尾。第三，众创促进了不同专业和技术的融合，这在学科交叉的时代特别重要。非专业人士或其他专业人士的参与可为企业提供更多的技术备选方案，从而扩大技术实现的多样性空间，降低企业技术创新的路径锁定风险。第四，众创的组织模式灵活多变，可以在企业正规研发计划之外根据需要灵活部署。

对企业来说，如何利用全球大众智慧，取得外部创新思想，然后在协作互动中创新产品或服务是一项非常重要的任务。一般的过程是：企业首先基于市场需求识别创新目标，然后将研发过程中出现的创新难题分解为模块化的创新需求，进而通过建立或借助有效的互联网平台寻求大众的合作参与。由于企业的创新需求面向不特定的大众，所以大众的参与有可能是基于合作的，也有可能是基于竞争的，具体由企业创新需求发布的性质而定。根据企业组建互联网平台的模式不同，可以将企业运用众创的模式分为一体化、苹果式、众包式、众创空间综合体等几种类型。

一体化模式是指在企业内部搭建平台，破除部门限制，全体员工之间灵活沟通与协作，改变企业内部研发部门和市场部门之间难以高效频繁互动的局面，发挥普通员工的创新能力。很多重视创新的企业都实施过类似"头脑风暴"的全员大讨论。例如 IBM 的即兴创新大讨论（InnovationJam）就是 IBM 基于互联网平台利用内部员工众创的模式。IBM 鼓励全球员工参加在线即兴大讨论，在 3 天时间内集中对创新机会和威胁进行广泛讨论。所有员工都可以参加并发表见解，也可以对他人的思想进行评价或提出改进意见，其中不仅涉及技术方案，而且包括对市场机会的识别。

苹果式也是在企业内部搭建众创平台的一种模式。美国苹果公司是企业运用众创式创新的成功案例之一。苹果公司于 2008 年 7 月推出了基于其产品的内容服务平台 Apple Store，包括三个平台主体：苹果公司、程序开发者和消费者。其中，苹果公司主要负责平台的开发和管理，为程序开发者提供程序开发包（SDK）以方便其开发和上传应用程序，并为用户提供下载入口和好的体验等。程序开发者借助 SDK 工具能够方便地开发和上传软件，并根据下载量的多少获取相应报酬。而消费者可以在平台上方便地下载自己所需的软件。借助一系列成功的组织模式和治理机制，如利益分配机制、进入和退出机制、差异化机制、定价机制等，苹果的 Apple Store 得到了异常迅猛的发展，并且为全球软件市场带来了全新的一种模式，即 Apple Store 模式（也称苹果式）。很多互联网企业如谷歌、微软等都采用这种模式。这种模式的一个重要特点是苹果公司对 Apple Store 有着绝对的控制权，有权修改包括利益分配机制、进入和退出机制等所有 Apple Store 的管理规则。

除了自建众创平台之外，企业也可以通过合资或者外包的方式组建众创平台，分别称为合资式和众包式。从本质上来说，众包式就是传统的委托代理关系的一种表现，企业委托第三方平台向社会大众发布创新任务并获取创新方案。最著名的案例就是 InnoCentive 网站的众包模式，可以将其比喻为"创新领域的淘宝"，它成功地在创新的"寻求者"和创新的"解决者"之间架起了桥梁，而同时又有效地解决了信任危机。InnoCentive 最初是由总部设在美国波士顿的美国医药制造商礼来公司于 2001 年基于"通过互联网促进科学创新"的思想创建的，用以生物领域的研发供求网络平台，其名字取自 Innovation（创新）和 Incentive（激励）。现在已经成为一个活跃的全球众包平台，涉及化学、物理学、生命科学、数学和计算机科学、工程设计和商业开发等领域，聚集了几十万专业人才或业余人士，需求方则包括许多世界 500 强公司。从本质上讲，InnoCentive 是一个在线研发中介平台，通过该平台吸引企业发布创新需求，又通过一定的利益机制吸引大众解决创新难题。一方面允许大众免费注册成为"Solver"（问题解决者），另一方面使企业以签订协议的形式成为

"Seeker"（问题求解者）。问题求解者发布任务后，网站会提供摘要给解决者以便其浏览。问题解决者可以查询所需解决的问题的摘要、参与人数、报酬等信息。为了更好地沟通，InnoCentive 创建了一个企业和个人能单独沟通的"黑箱"，而保留自身检查"黑箱"的权利，以便监督创新的过程。为了规避信任风险，InnoCentive 通过预交资金的方式保证 Seekers 有支付解决方案的资金，而且在 Solvers 确定参与创新时，与其签署协议以明确双方的权利和义务。InnoCentive 督促 Seekers 公司接受知识产权审计。一项解决方案一旦提交给公司，如果公司不予奖励，InnoCentive 可确保知识产权不会被使用。如果解决方案满足了问题的要求，InnoCentive 则确保 Seekers 公司支付奖金。这种做法与淘宝解决买者和卖者之间的信任问题有异曲同工之妙。InnoCentive 网站的利润主要来源于收取研发难题费用中一定比例的佣金。InnoCentive 网站的商业模式是典型的双边市场模式，单个企业或个人参与 InnoCentive 创新活动的收益取决于其他参与人的多少。网站在创新活动中发挥了重要的媒介作用和传导作用，为创新活动的发起者和参与者提供了有效的交流平台，设计了完善的利益机制。

在众包过程中，企业通过互联网平台在全球范围内征集创意或解决方案，应征者往往是来自全球各地的陌生人，并且具有各种各样的专业背景。对企业来说，参与众包的好处很多：第一，可以利用全球智力资源，从而提高创新绩效；第二，可以大大降低创新成本；第三，不同专业背景的人可能提出全新的解决方案或技术路线，从而有助于防止企业技术路线锁定的风险。波音、DuPont 以及其他世界知名大公司都在 InnoCentive 网站上提交困扰它们的技术难题来寻求解决途径。而任何人，只要具备解决其所提出的难题的能力，都可以平等地获得机会。大公司与 InnoCentive 公司签约成为 Seekers，然后将其挑战张贴在 InnoCentive.com 网站。每项挑战为最佳解决方案提供的奖金从 10000 美元到 100000 美元不等（同时，获取最佳方案后公司也将付给 Inno-Centive 公司一定报酬）。InnoCentive 的首席科技官 Jill Panetta 认为，在网上招贤纳士的做法和"传统的雇用研发人员的做法相比，效率要高出30%"。类似的众包平台还有很多，其中影响较大的如 NineSigma、TekScout、Innovation-Xchange 等。我国也有不少类似的网站，其中比较著名的有专家威客（WIT-KEY. COM）、一品威客（http：//www. epwk. com/）、任务中国（http：//www. taskcn. com/）等。与 InnoCentive 最相似的是 WITKEY. COM，也称专家威客。2005 年 6 月，专家威客在中国科学院大学诞生，试图将中国科学院的专家资源、科技成果与企业的科技难题对接起来。国内对于此类模式的称呼还有虚拟咨询业、创新中介等。不少威客网站的盈利情况不容乐观，如何定位威客网的服务模式，如何规范威客网的运作非常值得深入探讨。

企业除了可以借助第三方平台进行众包之外，也可以通过合资的方式组建众创平台，并在自家的平台上发布创新方案，众创平台的功能进一步得到扩充，不仅包括了创新，也包含了创业的功能。在国内，腾讯开放平台就是这样一个集创新与创业为一体的综合性平台。腾讯从 2010 年开始筹备开放平台，于 2011 年 6 月 15 日在北京正式上线。在经历初创期、发展期之后，已经逐渐形成了集创新、创业、投融资服务等功能为一体的众创空间综合体。后文在案例分析中，将对腾讯开放平台做更详细的分析。

第三节　企业主导的众创空间的运行机制

一体化、苹果式、众包式、众创空间综合体是企业利用社会大众推动创新的主要模式，每种模式又有自己的特征，适用于不同的环境，可以应对合同不完全所造成的不同问题。一体化可以缓解合同不完全所造成的专用性投资不足问题；而产品专用性强的行业，苹果式往往更为合适；众包式虽然适用的范围广泛但信息不对称现象严重，可能存在比较多的欺诈行为，可以用比较成熟的委托代理理论来分析，因而相关研究较多。叶伟巍和朱凌

（2012）从网络众包案例分析入手，以创新目标、过程和动机等分析角度梳理了"合作型和竞争型"两类网络众包创新模式的主要特征，并从技术解决方案和配套管理机制两个方面探索了我国企业构建网络众包创新体系的实现路径。董坤祥、张会彦和侯文华（2016）通过5896个网络任务解答者数据，分析了任务属性、解答者参与历史因素和参与战略对其中标的影响。费友丽、田剑、邓娇（2015）研究了来自解答者和发起者两方面的欺诈行为导致众包竞赛效率下降的机理，他们认为主要原因是欺诈行为的防范机制不完善、欺诈者筛除机制不合理、网上交易法律体系不健全以及网络道德体系不完善。郭文波和韩祺（2016）指出，网络化众包对我国企业和社会创新模式产生了积极的影响，但同时面临社会信用体系缺失、知识产权保护制度不健全、激励机制不完善、业务范围较小等问题。

众创空间综合体模式可以说是企业利用众创的高级模式，最大程度地利用了全社会大众的智慧，但也存在创业成功率低和管理协调难度大的困境。企业具体应该选择哪一种模式来利用众创，可能因行业、企业、环境的不同而不同，而创新性活动面临高度的合同不完全性更加剧了组织模式选择的复杂性和困难性。表1-1对这四种模式做了简单的比较。

表 1-1　企业利用众创的组织模式比较

组织模式	大众的范围	企业控制权	优点	缺点
一体化式	局限于内部人员	完全	问题聚焦、管理方便	未利用到社会智力
苹果式	内、外部开发者	强	小而美，管理方便	难以适用于制造业
众包式（如 Witkey、InnoCentive）	全社会研究者	中	集全社会之力，适用于各行各业	信息不对称、机会主义行为较严重
众创空间综合体（如腾讯开放平台）	全社会研究者和创业者	中	大而全，集开发、创业、融资、服务为一体	创业成功比例低、管理协调成本高

第四节 众创空间与孵化器、联合办公等 概念之间的关系

虽然众创空间一词在 2015 年之后才开始被人们熟悉，但创业活动本身以及对创业企业的孵化很早就已经存在。在 2015 年之前，人们习惯上将加速新创企业发展的组织称为"孵化器"或"加速器"，"孵化器"或"加速器"中一般具备企业发展壮大的一系列条件，例如可以帮助企业融资、提升企业管理水平、帮助企业上市等。企业孵化器（Business Incubators）一般被认为是为初创型小企业提供所需的基础设施和一系列支持性综合服务。企业孵化器在中国有时也被称为高新技术创业服务中心，孵化器可以为新创办的科技型中小企业提供一系列的服务支持，如提供物理空间和基础设施等，从而可以降低创业者的创业风险和创业成本，提高创业成功率，促进科技成果转化，加速企业成长壮大。世界上第一家孵化器"贝特维亚工业中心"于 1959 年诞生于美国。企业孵化器一般应具备四个基本特征：一是有孵化场地，二是有公共设施，三是能提供孵化服务，四是面向特定的服务对象（新创办的科技型中小企业）。目前知名的孵化器有：YC、创新工场、3W 咖啡。

联合办公（Co-working）也是近年来兴起的一种商业模式，是一种降低办公室租赁成本而进行的共享办公空间的办公模式，其主要目的是降低办公成本。也有人认为，联合办公是从房地产行业分化出来的一种投资模式，开发商和投资者投资总部办公大楼，供自由职业者或来自不同公司的人员租用，在特别设计和安排的办公空间中共享办公环境。它的优点是灵活、人才相对集中、互动氛围较好，对一些中小企业和自由职业者来说不用新建专门的办公室，从而降低了工作成本。联合办公空间中知名的有美国的 WeWork 和雷格斯，中国的优客工场、无界空间等。

2015 年，国务院办公厅发布的《关于发展众创空间推进大众创新创业的指导意见》中将众创空间定义成"新型创业服务平台"，以区别于传统的"孵化器"或"加速器"。根据此文件，众创空间应具备"低成本、便利化、全要素、开放式"等特征，发挥政策集成和协同效应，实现创新与创业相结合、线上与线下相结合、孵化与投资相结合，为广大创新创业者提供良好的工作空间、网络空间、社交空间和资源共享空间。刘志迎、陈青祥和徐毅（2015）认为，众创是指在现代互联网背景下，一方面热爱创新的大众（创新者）基于由企业搭建的或者自发形成的互联网平台实施创新活动并且通过互联网进行创新成果的展示或出售；另一方面其他企业或个人（需求者）通过互联网搜寻和获取创新成果并加以利用的一种新型创新模式。联合办公、孵化器和众创空间之间的区别见表 1-2。

表 1-2　联合办公、孵化器和众创空间之间的区别

	联合办公	孵化器、加速器	众创空间
目标用途	提供办公场所	强调创业功能，帮助企业诞生，类似于将鸡蛋孵化成鸡的过程	新型创新、创业平台
盈利模式	租金 + 增值业务	租金 + 投资收益	租金 + 投资收益
客户群	适用于自由职业者或小型工作室	适用于资金、经验缺乏的创业团队	适用于创客，即具有创新意识和新点子的个人或团队
服务内容	办公以及配套服务，如工商服务、产品服务、营销推广等	孵化服务，如企业对接、投资引入等	创业服务一条龙，如培训指导、融资、投资、上市、专利服务等
空间特点	共享工位，空间功能多元	传统办公空间，配套完善	实体的或虚拟的空间
进入门槛	低	高	低

第五节　从企业众创空间到高校众创空间

　　利用高校丰富的人力资源来推进创新创业一直受到各国政府和高校的重

视。欧美国家高校创业教育开展得较早，一般认为，高校创业教育最早起源是 1947 年哈佛商学院迈赖斯·迈斯（Myles Mace）教授率先在 MBA 教学中开设的一门创业课程——初创企业管理。20 世纪 70 年代，英国开始在大学建设孵化器。目前欧美发达国家几乎所有的大学都建立了类似带有企业孵化功能的"创客空间"，为大学生创新提供丰富的实体空间和真实的运用环境，锻炼大学生创新创业能力。

我国的创新创业教育虽然起步较晚，但得益于政府的大力推动，创新创业教育发展很快。2002 年 4 月，教育部选取了中国人民大学、清华大学、北京航空航天大学、黑龙江大学、上海交通大学、南京财经大学、武汉大学、西安交通大学、西北工业大学 9 所大学开展创新创业教育试点工作。经过多年的发展，绝大多数高校都开设了创新创业教育课程。2010 年 5 月，教育部下发《关于大力推进高等学校创新创业教育和大学生自主创业工作的意见》，进一步强调大力推进高等学校创新创业教育工作。2012 年 8 月，教育部办公厅印发了关于《普通本科学校创业教育教学基本要求（试行）》的通知，进一步完善了创新创业教育的评估体系。至此，我国高校创新创业教育进入规范发展的新阶段。

现阶段创新创业教育的问题之一在于理论和实践脱节，高校学生缺乏真实的创业锻炼机会。虽然各高校不断地进行新的尝试来弥补这方面的不足，但一直收效甚微。2016 年 2 月，国务院办公厅印发《关于加快众创空间发展服务实体经济转型升级的指导意见》，明确我国高等院校应发挥自身学科优势建立众创空间，该意见的出台为高校的创新创业教育指明了新的方向。自此之后，各省份的教委都出台了相关的指导意见，全国高校都在大力建设众创空间。截至 2020 年 10 月，在科技部备案的 2386 个众创空间中依托高校成立的众创空间有 166 个，众创空间的数目呈加速增长的态势。有的地方教委甚至要求辖区内所有的高校都要建立众创空间。例如，《天津市众创空间认定管理办法（试行）》明确了天津市高校众创空间由市教委组织认定，各高校众创空间运营主体向所在高校提出书面申请，经高校审核同意后，向市教委出具推荐函。《重庆市教育委员会关于建设高校众创空间促进师生创新创业的实施意见》（渝教科〔2015〕40 号）提出了高校众创空间的建设目标是，到 2015 年底，全市高校建设众创空间 100 个以上，推出科技成果转化案例 100 项以上；到 2017 年，建成一批国内知名、特色鲜明的示范性高校众创空间；到 2020 年，通过建设高校众创空间，推动转化一批科技成果，孵化一批师生创新创业企业，培育一批师生创新创业明星，显著增强师生创新创业能力，显著提升高校服务地方经济社会发展能力。2016 年 6 月河南省教育厅出台的《关于加快推进高等学校众创空间建设的通知》为高校众创空间建设设定的目标是，到 2020 年全省所有高校都能依据经济社会发展的需求、结合高校自身实际建设 1 个以上的众创空间。通过创新与创业相结合、线上与线下相结合、孵化与投资相结合，推动高校以专业化服务支持师生创新创业，研发一批高新技术，孵化一批创新成果，培育一批创新创业师生，建设一批高质量服务平台，显著提升高校服务地方经济社会发展能力。

截至 2020 年 10 月，通过国家备案的在运营众创空间共 2386 家，有 60 家众创空间退出国家备案目录。在 2386 家国家备案众创空间中有 166 家直接依托于高校，详细名单如表 1-3 所示。

表 1-3　166 家通过国家备案的高校众创空间

序号	众创空间名称	运营管理主体
1	清华 x-lab	清华大学经济管理学院
2	悠上空间	北京建设大学（中国农业大学科技园）
3	南开大学玑瑛青年创新创业实践基地	南开大学
4	天津工业大学创客空间	天津工业大学
5	"搭伙"众创空间	天津大学
6	天赋前沿众创空间	天津大学前沿技术研究院有限公司

序号	众创空间名称	运营管理主体
7	临港科创众创空间	天津大学滨海工业研究院有限公司
8	创E空间	天津河北工业大学科技园发展有限公司
9	天津科技大学众创空间	天津科技大学
10	天津理工大学众创空间	天津理工大学
11	工学坊	河北工业大学
12	天软·创魔方	天津市大学软件学院
13	南滨 GENSBOX（玑瑛青年创新公社）众创空间	南开大学滨海学院
14	"乐创津成"众创空间	天津职业大学
15	南开大学星空众创空间	南开大学旅游与服务学院
16	天津商业大学微渡众创空间	天津商业大学
17	飞翔创客空间	河北科技大学
18	豆芽创客空间	保定电谷大学科技园有限公司
19	河北大学厚德创客空间	河北大学
20	河北地质大学创业生态公园	河北地质大学
21	华电·电火花众创空间	华北电力大学
22	内蒙古科技大学大学生众创空间	内蒙古科技大学团委
23	团创空间	沈阳师范大学
24	沈航3X+创新创业工场	沈阳航空航天大学
25	海纳众创空间	渤海大学
26	宝地砺器众创空间	辽宁工业大学
27	上游汇	大连交通大学科技园有限公司
28	π空间	大连理工大学
29	哈尔滨理工大学科技园创客空间	哈尔滨理工大学科技园发展有限公司
30	冰城创客汇	哈尔滨大学生创业孵化园有限公司
31	紫丁香众创空间	哈尔滨工业大学国家大学科技园发展有限公司

续表

序号	众创空间名称	运营管理主体
32	黑龙江哈船众创生态园	哈尔滨工程大学科技园发展有限公司
33	NLSP 创新驿站	南京江宁（大学）科教创新园有限公司
34	金科创客汇	南京金科院大学科技园管理有限公司
35	创业汇客厅	无锡江南大学国家大学科技园有限公司
36	南京创新创业湾	北京大学南京创新研究院
37	太阳谷创新驿站	徐州中国矿业大学大学科技园有限责任公司
38	山大 e 禾南湖梦众创空间	山东大学苏州研究院
39	圆梦湖畔	镇江市江大江科大大学科技园股份有限公司
40	浙江大学 e-WORKS 创业实验室	浙江大学国家大学科技园
41	温州大学众创空间	温州大学
42	鄞州区大学生创业园 7 号众创空间	宁波市鄞州鄞创大学生创业园管理服务有限公司
43	西电筋斗云众创空间	西安电子科技大学宁波信息技术研究院
44	Pearl Space 众创空间	宁波市大学科技园管委会
45	智造未来·众创空间	蚌埠上理大学科技园有限公司
46	厦大—火炬极客空间	厦门大学
47	厦门北站创业大街	厦门市大学生创业促进会
48	闽台青创	华侨大学
49	星火众创空间	南昌大学科技园发展有限公司
50	赣源梦工坊	赣南师范大学科技园
51	陶瓷梦工场	景德镇大学生陶瓷创业孵化园发展有限公司
52	齐鲁工业大学创业学院	齐鲁工业大学创业学院
53	U 创空间	哈尔滨理工大学（荣成）科技园发展有限公司
54	科创慧谷众创空间	邹城科创大学科技园运营管理有限公司
55	山东大学创客空间	山东大学工程训练中心
56	大红炉众创空间	山东理工大学创新创业学院
57	济南大学科技园众创空间	济南大学

续表

序号	众创空间名称	运营管理主体
58	建大学子众创空间	山东建筑大学
59	海创·众创空间	天津大学（青岛）海洋工程研究院有限公司
60	山科U创空间	山东科技大学科技园管理有限公司
61	哈船兴海创客空间	哈尔滨工程大学青岛船舶科技有限公司
62	黑石咖啡	洛阳大学科技园发展有限公司
63	周口师范学院3A支点众创空间	周口师范学院大学科技园有限责任公司
64	郑州大学大学科技园众创空间	郑州大学科技园有限公司
65	郑州大学产业技术研究院众创空间	郑州大学产业技术研究院有限公司
66	华科大启明星空创客空间	华中科技大学
67	中地大科创咖啡	共青团中国地质大学（武汉）
68	湖北理工学院慧谷众创空间	黄石市慧谷大学生创业孵化器有限公司
69	中南大学学生创新创业指导中心	中南大学
70	怀化市创蚁众创空间	怀化市大学生创业指导服务中心
71	张家界大学生众创空间	吉首大学张家界校区
72	汕头大学学生创业园众创空间	汕头大学
73	广州大学城两岸四地大学生创客空间	广东工业大学
74	华工创新	华南理工大学珠海现代产业创新研究院
75	肇梦空间	肇庆市大学科技园发展有限公司
76	三创营众创空间	广州大学
77	北京理工大学珠海学院创业工场	北京理工大学珠海学院
78	哈尔滨工业大学深圳研究生院创客空间	哈尔滨工业大学深圳研究生院
79	深圳硅谷大学城绿色产业创客空间	深圳硅谷大学城创业园管理有限公司
80	桂林电子科技大学科技园众创空间	桂林电子科技大学科技园
81	海口国家大学科技园众创空间	海南师范大学科技园管理有限公司
82	eYou Space	重庆邮电大学
83	北碚国家大学科技园"易空间"	重庆市北碚大学科技园发展有限公司

续表

序号	众创空间名称	运营管理主体
84	重庆大学科技园科慧众创空间	重庆大学科技园有限责任公司
85	交大创客空间	西南交通大学
86	成创空间	成都信息工程大学成都研究院
87	蓝色蜂巢创业咖啡	成都成电大学科技园孵化器有限公司
88	"石大帮创"空间	成都西南石油大学科技园发展有限公司
89	成都大学CC空间	成都大学
90	思雅众创空间	贵州师范大学科技园管理有限责任公司
91	思源众创空间（贵阳）	贵州师范学院大学科技园管理有限责任公司
92	云科昆理工众创空间	昆明理工大学科技园有限公司
93	云科云大明远众创空间	云南大学
94	云科云民大众创空间	云南民族大学
95	云科昆医大众创空间	昆明医科大学
96	云科梦之谷众创空间	云南赢在协诚大学生就业创业服务有限公司
97	云科云农大众创空间	云南农业大学
98	沸点e站	西安交通大学科技园有限责任公司
99	渭南师范学院创客空间	渭南师范学院大学科技园有限责任公司
100	西安交通大学"七楼创客汇"	西安交通大学学生就业创业指导服务中心
101	西北工业大学"飞天"创客空间	西北工业大学党委研究生工作部
102	西安邮电大学大学生众创空间	西安邮电大学
103	西北农林科技大学青年农业众创空间	西北农林科技大学团委
104	西安电子科技大学星火众创空间	共青团西安电子科技大学委员会
105	西理工-工创汇	西安理工大学
106	西安科技大学PDS众创空间	西安科技大学
107	西纺文创众创空间	西安工程大学
108	兰州交通大学创客之家	兰州交通大学科技园有限责任公司
109	兰州大学科技园萃英众创空间	兰州大学科技园有限责任公司

续表

序号	众创空间名称	运营管理主体
110	红柳众创空间	兰州理工大学科技园有限公司
111	多民族大学生众创空间	西北民族大学
112	草创空间	西宁市城西区大学生创业孵化服务中心
113	搏梦工场	乌鲁木齐搏得梦大学生创业基地管理有限公司
114	新疆创客驿站	新疆大学科技园有限责任公司
115	逐梦创客	新疆财经大学
116	新创青年众创空间	新疆大学
117	新疆大学草根众创空间	新疆大学信息技术创新园有限公司
118	弘商众创空间	天津商务职业学院
119	天津城市职业学院青年艺术众创空间	天津城市职业学院
120	毓秀空间	河北女子职业技术学院
121	廊坊华航 e 创空间	北华航天工业学院
122	包头轻工学院众创空间	包头轻工职业技术学院
123	包头师范学院大学生众创空间	包头师范学院创业教育学院
124	东软 SOVO	大连东软信息学院
125	吉林中科创客营	中国科学院长春分院技术开发中心
126	长春职业技术学院创客空间	长春职业技术学院学生实习中心
127	齐齐哈尔工程学院科技园众创空间	齐齐哈尔工程学院智谷科技园有限公司
128	天印梦工场	南京工程学院技术服务有限责任公司
129	温州产业科技众创空间	温州职业技术学院
130	浙江工贸学院众创空间	浙江工贸职业技术学院
131	温商·众创空间	温州商学院
132	嘉兴学院大学生创业实践园	嘉兴学院
133	宁波中科院创客空间	宁波中国科学院信息技术应用研究院
134	万里笃创	浙江万里学院
135	宜职众创空间	宜春职业技术学院

续表

序号	众创空间名称	运营管理主体
136	"亮·交通"创客空间	山东交通学院团委
137	创客创意众创空间	日照职业技术学院
138	海斯曼创客岛	青岛酒店管理职业技术学院
139	千帆启航众创空间	青岛千帆创业学院
140	许昌学院颍川众创空间	许昌学院创新创业发展有限责任公司
141	卧龙众创空间	南阳师范学院科技孵化园有限责任公司
142	湖南城市学院众创空间	湖南城市学院
143	湖南商学院众创空间	湖南商学院
144	湖南工艺美术职业学院众创梦工场	湖南工艺美术职业学院
145	创业 18mall	广东东软学院
146	广科 Mi 创空间（Maker Incubator）	广东科学技术职业学院
147	中科创客学院	深圳中科创客学院有限公司
148	2188 创客空间	深圳市信息职业技术学院
149	梧州学院众创空间	梧州学院
150	百色学院众创空间	百色学院
151	重电众创 e 家	重庆电子工程职业学院
152	重庆市科技工作者众创之家	重庆科技学院
153	百川兴邦众创空间	重庆文理学院
154	成都创业学院"创客+部落"	成都职业技术学院
155	黔粹传人工作室	黔东南民族职业技术学院
156	健康智造众创空间	贵州理工学院
157	云科爱园艺众创空间	云南省农业科学院花卉研究所
158	云科曲靖师院众创空间	曲靖师范学院
159	云科工商学院众创空间	云南工商学院
160	"鱼化龙"创客空间	西安外事学院
161	西京学院创新创业中心	西京学院

续表

序号	众创空间名称	运营管理主体
162	炒青众创	西安文理学院
163	西译众创空间	西安翻译学院
164	安康学院大学生创新创业孵化园	安康学院
165	雁苑微林众创空间	兰州文理学院
166	"我可"大学生创客空间	新疆农业职业技术学院

在高校众创空间不断发展的同时，不可避免地也带来了一些问题。有的学者这样来形容众创空间："众创变租房、服务成鸡肋、入住是空想。"根据笔者对部分高校众创空间的调研，有不少学生没有认识到众创空间对于国家推进"双创"的战略作用，部分同学甚至认为众创空间就是一个类似青年聚会、谈论创业实务的场所；有的教师也认为，高校众创空间对于鼓励大学生创业作用有限，难免会沦为低租金办公场所。将现阶段高校众创空间存在的问题归纳为以下几点：首先，发展模式定位不清，由此造成同质化现象严重、盈利模式不明确等问题。其次，服务内容既不全面，也不深入，没能形成促进创业的全方位、多角度的服务生态体系。最后，运营和治理机制不完善，没有和创业教育产生协同效应。

第二章 鼓励众创空间发展的
相关政策

第一节 国家层面的政策

自 2015 年 3 月国务院办公厅印发《关于发展众创空间推进大众创新创业的指导意见》以来，我国众创空间迎来了快速发展阶段，国家层面出台了一系列鼓励众创空间发展的政策。表 2-1 归纳了 2015~2020 年国家层面出台的鼓励众创空间发展的政策。

表 2-1 2015~2020 年中国众创空间国家层面政策

时间	文件名称	主要内容
2015 年 3 月	《国务院办公厅关于发展众创空间推进大众创新创业的指导意见》	提出到 2020 年，形成一批有效满足大众创新创业需求、具有较强专业化服务能力的众创空间等新型创业服务平台；培育一批天使投资人和创业投资机构，投融资渠道更加畅通；孵化培育一大批创新型小微企业
2015 年 9 月	《发展众创空间工作指引》	进一步明确众创空间的功能定位、建设原则、基本要求和发展方向，指导和推动众创空间科学构建、健康发展
2016 年 2 月	《国务院办公厅关于加快众创空间发展服务实体经济转型升级的指导意见》	提出推进众创空间专业化发展，重点在电子信息、生物技术、现代农业、高端装备制造、新能源、新材料、节能环保、医药卫生、文化创意和服务业等产业领域，加快建设一批新型众创空间

时间	文件名称	主要内容
2017年6月	《国家科技企业孵化器"十三五"发展规划》	提出到2020年，围绕大众创新创业需求，完善多类型、多层次的创业孵化服务体系，汇聚国内外资源、融合全球各类孵化要素，以强化导师辅导与资本化服务促进高水平创业
2017年10月	《国家众创空间备案暂行规定》	提出了众创空间的发展目标和主要功能，明确众创空间主要提供的服务，明确了申请国家备案众创空间所需要具备的条件
2018年5月	《关于推动民营企业创新发展的指导意见》	大力支持民营企业参与实施国家科技重大项目，积极支持民营企业建立高水平研发机构，鼓励民营企业发展产业技术创新战略联盟，力促民营企业推动大众创业、万众创新，加强优秀创新民营企业家培育
2018年11月	《关于科技企业孵化器大学科技园和众创空间税收政策的通知》	自2019年1月至2021年12月31日，对国家级、省级科技企业孵化器、大学科技园和国家备案众创空间自用以及无偿或通过出租等方式提供给在孵对象使用的房产、土地，免征房产税和城镇土地使用税；对其向在孵对象提供孵化服务取得的收入，免征增值税
2018年12月	《人力资源和社会保障部办公厅关于推进技工院校学生创业创新工作的通知》	普及创业创新教育，加强创业培训，优化创业服务，加大政策扶持，开展创新创业竞赛等
2019年3月	《中国高新区国际人才发展专项基金管理办法（暂行）》	深入促进我国科技产业界人才与全球创新人才的"民心相通"，加速推动国家高新区深度融入全球人力资源的大循环，全面增强国家高新区配置人才资源、培养创新人才的能力
2019年6月	《"大众创业万众创新"税收优惠政策指引》	在促进创业就业方面，小型微利企业所得税减半征收范围已由年应纳税所得额30万元以下逐步扩大到300万元以下，增值税起征点已从月销售额3万元提高到10万元；在鼓励科技创新方面，金融机构向小微企业、个体工商户贷款利息免征增值税的单户授信额度已由10万元扩大到1000万元
2019年12月	《科技部关于公布2019年度国家级科技企业孵化器的通知》	经地方省级科技主管部门评审推荐，科技部审核并公示，确定北大医疗产业园科技有限公司等197家单位为国家级科技企业孵化器
2020年3月	《科技部火炬中心关于做好创业孵化机构科学防疫 推进创业企业有序复工复产保持创新创业活力的通知》	各级主管部门要根据疫情防控实际，帮助创业孵化机构和企业有序复工复产，为其逐步恢复正常生产经营秩序创造有利条件，着力实现疫情防控和创新创业发展"两手抓""两不误"
2021年10月	《国务院办公厅关于进一步支持大学生创新创业的指导意见》	优化大学生创新创业环境；加强大学生创新创业服务平台建设；推动落实大学生创新创业财税扶持政策；加强对大学生创新创业的金融政策支持；促进大学生创新创业成果转化；办好中国国际"互联网+"大学生创新创业大赛

资料来源：根据国务院有关部门颁布的政策归纳整理。

第二节 部分地方政府制定的政策

根据中央制定的一系列鼓励建设众创空间的政策指引，各地方政府也制定了相应的政策规章。各地方政府的教育委员会或教育厅针对建立高校众创空间制定了具体的公益性政策，表2-2列举了部分地方政府所制定的政策以及其中的重点内容。

表2-2　部分地方政府建立高校众创空间的鼓励性政策

时间	发文机构	文件名称	主要内容
2014年10月	重庆市教委等	重庆市大学生创业引领计划2014—2017年实施方案	完善支持大学生创业的政策制度和服务体系，三年打造大学生创业示范孵化基地，孵化大学生创业企业1000个，大学生创业项目库入库项目1000个，大学生创业指导专家500名
2015年3月	北京市教委	《关于印发北京高等学校高精尖创新中心建设计划的通知》	力争在重点领域的关键核心技术上取得大的突破，产出一批有影响力的成果，切实解决重大问题，造就一批杰出人才，成为在国内外具有重大影响的科技创新和人才培养基地
2015年5月	天津市科委、教委	《天津市众创空间认定管理办法（试行）》	各高校众创空间运营主体向所在高校提出书面申请，经高校审核同意后，向市教委出具推荐函
2015年8月	重庆市教委	《关于建设高校众创空间促进师生创新创业的实施意见》	以提升师生创新创业能力和促进科技成果转化为目标；明确规定了高校众创空间建设目标，建设内容，认定、支持和管理制度
2015年10月	广东省教育厅	《关于深化高等学校创新创业教育改革的若干意见》	全面深化高校创新创业教育改革，建立创新创业教育体系，形成一批可复制、可推广的创新创业人才培养模式和制度成果
2015年12月	江苏省政府办公厅	《关于印发江苏省深化高等学校创新创业教育改革实施方案的通知》	2020年左右，建立健全创新创业教育与专业教育深度融合、知与行相辅相成的人才培养模式，高校创新创业教育改革走在全国前列

时间	发文机构	文件名称	主要内容
2016 年 1 月	浙江省政府办公厅	《关于推进高等学校创新创业教育的实施意见》	到 2020 年建立健全课堂教学、自主学习、实战训练、指导帮扶、文化引领融为一体的高校创新创业教育体系
2016 年 5 月	河南省政府	《关于深化高等学校创新创业教育改革的实施意见》	到 2020 年，建立健全课堂教学、实践教学、自主学习、指导帮扶、文化引领等多位一体的高校创新创业教育体系
2016 年 6 月	河南省教育厅	《关于加快推进高等学校众创空间建设的通知》	到 2020 年全省所有高校都能依据经济社会发展的需求、结合高校自身实际建设 1 个以上的众创空间
2017 年 6 月	天津市科委、教委、财政局	《天津市众创空间备案管理与绩效评估办法》	明确界定了众创空间和专业化众创空间范围，明确了发展众创空间工作导向，众创空间备案和绩效评估工作组织部门及职责
2018 年 8 月	广东省政府	《关于强化实施创新驱动发展战略进一步推进大众创业万众创新深入发展的实施意见》	推进高校、科研院所创新创业资源共享；开展投贷联动等融资服务模式创新；构建全链条创新创业孵化育成体系；加快建设"双创"示范基地建设
2018 年 10 月	河南省教育厅	《关于公布 2018 年度河南省高校众创空间建设项目的通知》	高校众创空间立项建设要求
2019 年 1 月	安徽省政府	《关于推动创新创业高质量发展 打造"双创"升级版的实施意见》	加快推进政务服务"一网通办"和企业群众办事"只进一扇门""最多跑一次"；在全省高校推广创业导师制，深化"三位一体"人才培养模式改革；促进"双创"金融服务升级，着力破解创新创业融资难题等
2019 年 9 月	重庆市科学技术局	《重庆市众创空间认定和管理办法》	重庆市众创空间的认定条件、认定程序和绩效评估方法等
2019 年 12 月	厦门火炬高新区管委会	《关于进一步加大高层次创业人才引进培育力度的意见》	实施人才创业项目储备计划，加大资金扶持、场所扶持力度；实施创业人才提升计划，加大对领军型创业人才及其创业项目培育力度
2020 年 5 月	河南省教育厅	《河南省高校科技创新团队支持计划实施办法》	创新高等学校科技人才队伍建设机制，构建"校—厅—省"创新团队梯次递进模式
2021 年 12 月	杭州市科学技术局、杭州市财政局	《杭州市众创空间管理办法》	申请市级众创空间备案的条件；创客企业（项目）的备案条件；众创空间的扶持政策；推进全域孵化体系建设；提供线上"一站式"服务等

地方政府对高校众创空间的重视也产生了积极的效果。以河南省为例，河南省教育厅 2016 年 6 月出台了《关于加快推进高等学校众创空间建设的通知》，并在 2016 年、2018 年分别出台了多项相关的高校众创空间建设政策。2020 年 3 月，在科技部火炬中心公示的拟备案的 498 家众创空间中，河南省有 16 家众创空间获得国家备案，其中有三家属于高校众创空间，分别是"郑州大学大学生创新创业基地""郑州财经学院众创空间"以及郑州师范学院创建的"郑师众创空间"，这表明河南省高校众创空间建设成绩显著。

第二部分　主导模式及控制权安排

第三章 一个理论框架：高校众创空间的主导模式[①]

调研中笔者发现，我国高校众创空间的组织模式呈现百花齐放的景象，而实际运行效果参差不齐，笔者认为这两者之间可能存在某种重要的联系。更进一步地说，众创空间的盈利模式、创业教育模式以及创业成功率等可能都与高校众创空间的组织模式高度相关。因此，分析我国高校的组织模式就变得非常有必要。这一章，将通过一个理论模型来深入分析高校众创空间的组织模式和创新效率之间的关系。

第一节 高校众创空间的组织模式与控制权安排

2015 年 3 月国务院办公厅出台了《关于发展众创空间推进大众创新创业的指导意见》，2016 年 2 月国务院办公厅印发《关于加快众创空间发展服务实体经济转型升级的指导意见》，明确我国高等院校应发挥自身学科优势建立众创空间。很多省份的教委专门出台了指导意见来推动高校建设高标准众创空间。从本质上看，众创空间的生命力在于对创新资源的一种重新组合，是以人才、技术、资本、法规等为自变量的一种生产函数。创新能力的提高

[①] 本小节内容发表在《上海经济研究》2018 年第 8 期。

既取决于自变量本身的数值大小，更取决于自变量的组合方式，即众创空间的组织模式和运行机制。本节试图从不完全合同理论[①]的视角来讨论众创空间的组织模式和运行机制差异对创新激励的影响。

科技部在 2015 年和 2016 年分三批对 1337 家运营良好的众创空间进行了审核和备案，这些众创空间在组织模式、规模大小、功能定位及服务方向上各有不同，为形成"大众创业、万众创新"的良好创新创业氛围起到了示范作用。众创空间的创新创业教育大部分是"真刀实枪"，可以成为高校创新创业教育的有力补充（王占仁，2016）。根据剩余控制权配置状况的不同，可以将这些众创空间分为企业主导型、高校主导型和混合控制型。企业和高校是创新的两个重要源头，如果能充分发挥这两个创新源头的重要作用，对于我国整体的"双创"效率无疑具有重要的引领和示范效应。不少文献[②]认为，中国经济的长期高速增长得益于企业效率的提高，而企业效率提高主要体现为民营企业的发展而非国有企业的发展，其背后的道理在于，民营企业具有更加能激励创始人的控制权结构。将这一观点推广到众创空间领域似乎意味着，高校主导（高校建设资金主要来自于政府拨款）的众创空间建设的制度成本比较低，项目的市场价值和众创团队的激励却不一定高，而企业主导的众创空间可能制度成本比较高，但项目的市场价值和众创团队的激励可能比较高。

以腾讯开放平台为例，该平台是腾讯公司积极利用众创来推动自身创新能力提高的众创空间综合体。和其他的众创空间不同之处在于，大多数的众创空间只是一个平台，平台的组建者往往是非营利组织，自身并没有创新需求，而腾讯开放平台很好地将自身的创新需求和众创空间创业者的创新需求相结合，以"大众创业、万众创新"为契机，将自身核心资源开放给创业者，再通过创业者的成长来使腾讯自身成长。2011 年 6 月腾讯开放平台正式上线，在经历了初创期（开放战略 1.0）、发展期（开放战略 2.0）之后，目

---

① 该理论由 2016 年诺贝尔经济学奖获得者 Oliver Hart 创立。
② 例如 Song 等（2011）。

前已经形成了集创新、创业、投融资服务等功能为一体的全要素众创空间"开放战略3.0"，已基本形成具有良好氛围的、可持续发展的"双创"生态系统。腾讯开放平台的创立远早于国务院鼓励众创文件的出台，因此可以认为其创立是源于企业本身的创新需求，而非单纯响应政府号召，这印证了企业主导的众创空间创新效率更高的观点。

这为高校的众创空间发展带来了重要的启示：引进企业众创空间的管理模式，即由高校提供空间、场地等必要的基础设施，而在运行机制上由企业主导。不过这种模式在理论和实践上都有一定的困难：既然众创空间重要的非人力资产由高校拥有，根据不完全合同理论，对非人力资产的所有权决定了剩余控制权①，因此众创空间就应当由高校主导。况且，高校主导的众创空间也不乏创新效率高的案例，如清华大学 i. Center 及北京大学创业训练营等。这两个代表性高校主导的众创空间的运行机制并不相同。清华大学i. Center 是从专业教育入手，然后向创业实践端延伸，其前身是1996年创建的基础工业训练中心，而基础工业训练中心的前身是金属工艺学教研室。经过两次升级之后，i. Center 变身为全面的高校众创空间，集制造、创造及设计于一身（李双寿等，2015）。北京大学创业训练营则是从创业培训入手，再向创业生态系统延伸。开始创建时只集中于创业培训，也只在北京大学校园内进行，后来逐渐推广到全北京市，再后来在全国十几个地方设立基地。目前，北京大学创业训练营的星星之火，已成燎原之势，在苏州、扬州也已经分别成立基地，逼近作为全国"科创中心"的上海，给上海的高校众创空间造成了不小的压力。

因此，从控制权结构上看，高校众创空间应该由高校主导还是企业主导，似乎还需要更多的条件决定，如非人力资产为谁所有，创新的收益如何分配，以及事后在谈判中谁更有优势等。本书重点分析由高校牵头成立的众创空间，

———————————

① Grossman and Hart（1986）。

为了对这两种模式进行效率比较，这一部分试图通过一个简单的模型来进行讨论。

第二节　模型

由于众创空间建设和创新项目执行过程中充满了不确定性，所以在不完全合同理论的框架下分析十分合适。不完全合同理论认为，合同是交易关系不可或缺的一个组成部分，任何交易（条件）都需要某种形式的合同来规范、来媒介、来激励、来治理。但现实中的合同又是不完全的，因为存在众多无法预料的因素无法在合同中确定地写下来，因此事后的再谈判就难以避免。Hart、Shleifer and Vishny（1997）基于政府拥有非人力资产所有权的假设，比较了政府控制和企业家控制的情况下，企业在质量创新和成本创新上的差异。与Hart、Shleifer and Vishny（1997）不同，首先，本书集中考虑不同组织模式之间而不是创新类型之间的差异，因此本书并不区分创新的类型，而是通过比较目标函数和均衡中的最优创新努力程度，将政府拥有非人力资产所有权的假设推广到联合所有权的情形，得出了一些不同的结论。其次，我们假定创新存在两个方面的成本：一方面，创新行为可能会给众创空间带来成本，如项目失败将导致众创空间层面先前的投资付诸东流；另一方面，创新行为也会给创新决策制定者带来额外的成本，如策划创业方案所花费的时间成本以及精神成本，由于这些成本直接关系到创新决策者的激励，因此也应当加以考虑。最后，我们假定企业主导模式并非是企业直接拥有众创空间非人力资产所有权，而是高校通过合同外包或者授权经营的方式让企业主导众创空间的运营。在我国高校众创空间的实践中有不少高校正是通过这种方式来运营的，如浙江理工大学的"尚+众创空间"的日常运营由卓尚服饰负责。这些假定是根据我国高校众创空间的实践进行抽象和归纳的。

一、假定

考虑众创空间的建设存在两种基本模式：高校主导和企业主导。在高校主导模式下，高校作为所有者拥有对设施的剩余控制权，直接负责众创空间的一切运营活动。在企业主导模式下，或者企业家直接投资从而拥有非人力资产的剩余控制权，或者高校通过授权经营[①]或合同外包的形式赋予企业家经营活动主导权，这可能是高校出于提高众创空间的管理效率的目的。无论在哪一种情况下，剩余控制权决定了在合同条款以外的意外事件出现时，谁拥有权力批准创新以及改变决策程序，而这将直接影响众创团队中的创业人员激励。

高校（用 U 表示）和企业（用 F 表示）在时点 0 签约，以决定众创空间中的控制权安排，同时企业家选择创新努力程度。自然状态在时点 1 实现，由于双方签订的是不完全合同，在自然状态实现之后，双方需要在时点 2 进行重新谈判，然后合同得到执行，双方实现各自收益。具体时间线如图 3-1 所示。

图 3-1 时间线

创新可能会给企业带来收益，但同时也会产生成本，并且存在一定的风险。假定创新努力 e 产生的收益为 $B(e)$。同时，假定创新努力产生的成本包括两部分：一部分是创新决策带来的货币成本 $C(e)$，这部分成本可能由高校承担，也可能由企业承担，取决于不同的组织模式；另一部分是创新努力本身带来的直接成本（为简单起见，不妨假设为 e），这部分成本只能由企业家承担。这样划分的意义在于，在时点 2，创新决策的货币成本是可以明

[①] 类似于我国国资管理中的授权经营模式，其效率问题笔者并未在本书中进行分析。

确衡量的，而创新努力的直接成本无论在事前还是事后都是不可衡量的。另外，创新也会存在风险，使创新的成本增加，为简便起见，假定创新带来的成本为 $rC(e)$，r 为创新的风险系数。假定上述变量满足通常的收益函数和成本函数的基本性质，即 $B(0)=0$，$B'(0)=\infty$，$B'>0$，$B''<0$，$B'(\infty)=0$；$C(0)=0$，$C'(0)=0$，$C'>0$，$C''>0$，$C'(\infty)=\infty$。

二、社会最优

在社会最优的情况下，信息是完全的，组织模式的选择变得无关紧要，高校和企业家一起选择创新努力 e 以最大化社会总剩余，此时的最优努力程度即社会最优的努力程度。假定高校和企业家均是风险中立的，并且不存在财富约束。因此，企业家选择的创新努力程度满足：

$$\max_e \{B(e)-rC(e)-e\} \tag{3.1}$$

一阶条件为：

$$B'(e^*)-rC'(e^*)=1 \tag{3.2}$$

式（3.2）表明，在社会最优的情况下，创新努力的边际社会收益等于边际社会成本。

三、企业主导模式下的均衡

考虑高校在初始合同中将事后对众创空间的控制权赋予企业的情形，这种情况下企业将有充分的激励选择最优的创新努力程度。由于在众创空间的运行过程中，需要用到高校诸多的资源（如高校的研究设备、研究团队等），企业需要拿出一定比例的创新收益与高校进行分享。为简单起见，假定双方平分 λ 比例（$\lambda \leqslant 1$）的创新市场价值。因此，企业选择 e 以最大化 U_M，即：

$$\max_e \left\{\left(1-\frac{\lambda}{2}\right)[B(e)-rC(e)]-e\right\} \tag{3.3}$$

一阶条件为：

$$\left(1-\frac{\lambda}{2}\right)[B'(e_F)-rC'(e_F)]=1 \tag{3.4}$$

注意，创新项目带来的直接的、可度量的成本是 $C(e)$，因此双方事后谈判将对创新项目的净收益 $B(e) - rC(e)$ 进行分割。尽管创新努力程度 e 难以度量（如企业家花费的时间和精力等），但在企业家主导模式下，企业家的目标函数中是会包含这部分成本的。从一阶条件表达式（3.4）至少可以得出两个结论：第一，由于对企业家而言存在额外的创新成本，因此创新项目所带来的社会收益被夸大了；第二，由于企业家必须与高校对一部分创新收益进行分割，因此这将削弱其进行创新的激励。

四、高校主导模式下的均衡

如果众创空间由高校主导，高校就可以单方面决定创新收益的分配方式。通常高校可以有两种方式来分配创新的收益：一种方式是给予企业家以绩效工资，如果高校对众创空间实行强控制便会采取这种形式，此时企业家和普通员工在激励上没有根本差异。另一种方式是采取主动让利的方式和企业家分享创新项目的收益。

如果众创空间完全由高校投资兴建，则创新收益的分配往往采取前一种方式。假定企业家获得的绩效工资为 $w(e)$，创新的成本由高校承担，则高校和企业获得的创新收益分别是 $B(e) - r[w(e) + C(e)]$ 及 $w(e) - e$。因此企业家的问题是：

$$\max\{w(e) - e\} \tag{3.5}$$

一阶条件为 $w'(e_{U1}) = 1$ （3.6）

另一种更常见的情形是，双方在时点 2 进行再谈判。这种情况的发生往往是由于企业家不可或缺，或者企业家的创新努力难以衡量，因此初始合同无法对创新努力程度进行签约。假定高校同意和企业对创新收益的一定比例（不妨假设为 μ）进行平分，则高校和企业的收益分别为 $\frac{\mu}{2}[B(e) - rC(e)]$ 和 $\frac{\mu}{2}[B(e) - rC(e)] - e$。因此企业家的问题是：

$$\max\left\{\frac{\mu}{2}[B(e) - rC(e)] - e\right\} \tag{3.7}$$

一阶条件为$\dfrac{\mu}{2}\left[B'(e_{U2})-rC'(e_{U2})\right]=1$ (3.8)

式（3.8）看起来与企业主导模式下的一阶条件式（3.4）相似，但却有着明显不同的含义。在企业主导模式下，企业家会尽可能缩小和高校分享的"蛋糕"，表现为λ值会很低，在笔者调研的案例中，此值甚至接近于零。而在高校主导模式下，高校一般希望激励企业家，因而愿意同企业家分享的创新项目比例较高，表现为μ值较大。很显然，当$\lambda=\mu=1$时，两种模式对企业家的激励效果类似。

第三节 比较静态分析

通过对上述几种情况下的一阶条件进行简单分析可以发现，由于$B'(e)-rC'(e)$是关于努力程度的减函数，而$0\leq\lambda$，$\mu\leq1$，因此有下面的命题：

命题1：$e_F<e^*$，$e_{U2}<e^*$。

命题1意味着，无论是高校主导模式，还是企业主导模式，社会最优的创新努力程度都是无法实现的。这是因为在合同不完全的条件下，双方在事后需要对创新的收益进行分配，虽然时点2的重新谈判保证了事后有效率的结果，但无论哪一种情况下，创新活动都需要企业家来完成，创新努力程度无法写入合同这一特征都导致了事前的无效率。不同主导模式之间的唯一差别在于有多少比例的创新净收益会被拿来进行再谈判。

命题2：如果$\lambda+\mu<2$，那么$e_F>e_{U2}$，企业主导模式优于高校主导模式。

根据假设，$B''(\cdot)<0$，$C''(\cdot)>0$，因此，$B'(e)-rC'(e)$是关于e的单调递减函数。当$\lambda+\mu\leq2$时有$1-\dfrac{\lambda}{2}\leq\dfrac{\mu}{2}$，因此$e_F\geq e_{U2}$。

高校主导模式和企业主导模式之间存在明显的替代关系。企业主导模式下，企业家将尽可能减小同高校分享的收益，而自己留下创新"蛋糕"的绝大部分。而在高校主导模式下，高校为了激励企业家，会分享更多的创新收益（极端情况下 $\mu \to 1$）。值得注意的是，在实践中 λ 值常常比较低（趋于零），而 μ 值一般比较大（趋于1），因此，企业主导模式优于高校模式便更为常见。从某种意义上讲，企业主导模式优于高校主导模式的根源在于企业家的"自私"和高校的"慷慨"。显然，如果 $\lambda = \mu = 1$，则企业主导模式和高校主导模式会取得相同的激励效果。由于 $0 \leq \lambda$，$\mu \leq 1$，在大部分情形中，企业主导模式在激励创新努力方面都是优于高校主导模式的。

　　命题3：如果不考虑协调成本，则高校和企业联合控制模式优于单方主导模式。

　　应对合同不完全的一种方式是，在初始合同中对创新收益进行明确的分成。例如，假设高校和企业按照 t 和 $1-t$ 的比例对创新净收益进行分成，那么双方的净收益分别为 $t[B(e) - rC(e) - e]$ 及 $(1-t)[B(e) - rC(e) - e]$。

　　企业家的问题变为：$\max (1-t)[B(e) - rC(e) - e]$

　　一阶条件是：$B'(e_{UF}) - rC'(e_{UF}) = 1$

　　这意味着资本层面的联合控制实现了社会最优的创新努力水平，因而优于单方主导模式。公私合营和单方主导的不同之处在于，公私合营的模式可以在事前对事后创新的净收益进行分配，而在单方主导模式下创新努力的直接成本 e 必须由企业自行承担，这是造成企业家激励扭曲的根源。然而，高校和企业联合控制模式可能存在高昂的协调成本，如果双方在某些具体项目上意见分歧较大，可能会使联合控制模式退化为单方主导模式。

　　总之，如果政府能够给企业主导模式提供更加便利、有利于创新的制度体系，或者政府能够在政府主导模式下给管理者充分的授权（激励）的话，政府主导模式和企业主导模式实际上都可能取得良好的结果。

第四节　进一步解释：不同主导模式的实践

前面的分析已经表明，高校众创空间的三种主导模式在一定条件下都可以实现相同的创新激励努力程度。当 λ 较小且 μ 较大时，企业主导模式优于高校主导模式；当 $\lambda = \mu = 1$ 时，则企业主导模式和高校主导模式会取得相同的激励效果。从理论上讲，$\lambda = \mu = 1$ 的情形似乎只能是一种特殊情形，在大多数情况下难以恰好满足 $\lambda = \mu = 1$ 的条件。因此，相对而言高校主导模式应该更加少见。然而现实中似乎并非如此，如清华大学 i. Center 以及北京大学创业训练营已经成为高校主导模式的典范。清华大学 i. Center 的前身可以追溯到 1996 年组建的覆盖全校的工程实践教学基地"基础工业训练中心"，该中心以大工程为背景，集工程基础训练、先进技术训练、创新实践训练和综合素质训练于一体。2014 年，基础工业训练中心开始转型升级为 i. Center 众创空间，同年，i. Center 获批"北京高校示范性校内创新实践基地"。北京大学创业训练营成立于 2013 年，从创业教育入手，针对中国创新创业优秀领军人才开设实战课程及导师辅导。2015 年，北京大学创业训练营入选首批国家备案众创空间。清华大学的 i. Center 以及北京大学创业训练营的案例表明，高校主导模式一样可以实现很好的创新创业激励。

从表面来看，这两个案例似乎与本书前面的模型结论矛盾。笔者认为，清华大学和北京大学的高校主导模式恰恰很好地印证了前面模型的结论。首先，清华大学的众创空间完全由高校投资兴建，清华大学对于 i. Center 有着完全的控制权，在创新收益的分配上往往采取给予企业家绩效工资的形式。因此，企业家创新激励的一阶条件满足本书模型中的式（3.6），与企业主导模式下的一阶条件式（3.4）并不具有直接的可比性，企业家的创新激励并不是通过分享创新收益这种单一的模式而获得，因此，有可能实现企业主导模式下的创新激励程度。其次，通过比较高校主导模式下的一阶条件式（3.8）和企业主导模式下的一阶条件式（3.4），笔者认为，北京大学和清华大学作为国内顶尖的高校，其所主导的众创空间的经理可以获得比普通高校众创空间的经理更强的激励，如果再加上经理可以分享创新创业收益所带来的激励，总的激励水平可能接近于1，恰好符合前面模型的结论。最后，北京大学和清华大学本身就是特例，所以并不能否定在大多数情况下企业主导模式优于高校主导模式的结论。实际上，清华大学 i.Center 以及北京大学创业训练营的案例并不能很好地推广到其他普通高校，原因在于，大多数普通高校并不具备清华大学和北京大学这样的高知名度，也缺乏政府对于清华大学和北京大学那样高的投入，其众创空间的经理获得创新激励的唯一途径就是分享创新收益，因此很难满足 $\lambda = \mu = 1$ 的条件，也就很难实现像企业主导模式一样的创新创业激励程度。

前面的模型也显示了联合主导模式的优越性。联合主导模式的本质是从所有权层面解决双方目标的差异性，大大降低了所有权同经营权分离情况下的代理成本，类似于当前国有企业改革过程中采取混合所有制的做法。高校和企业联合控制的众创空间模式的优势在上海交通大学的众创空间"零号湾"中得到了很好的体现。2015 年，上海交通大学、闵行区人民政府和上海地产（集团）有限公司共同发起成立了"上海零号湾创业投资有限公司"（以下简称"零号湾"），三方各自发挥自己的优势，在创业教育、创业实践、创业孵化等多方面同步展开。一方面，从资本层面共同发起成立众创空间，从根本上不同于非人力资产由高校单方面所有的高校主导模式，是联合模式中比较彻底的一种，事后的创新收益根据所有权比例进行分割，避免了本书模型中的事后再谈判成本。另一方面，由于有政府的参与，联合的层面得到扩大，使众创空间的目标函数接近于理论模型中的社会目标函数，从理论上保证了"社会最优"的实现。例如，2017 年 11 月 15 日，再一次共同签署深化"零号湾—全球创新创业集聚区"合作共建备忘录，明确了三方将围绕上海加快建设具有全球影响力的科技创新中心这一战略目标共同努力，这正是社会的"目标函数"。新一轮合作共建备忘录的签署进一步强化了这一目标函数，由于三方的激励是相容的，有理由相信三方能汇聚智力、科技、人才、信息以及平台、资源、资本等方面的优势，至少在组织模式上没有障碍。

正如前文的分析，联合主导模式优于单方主导模式的条件是，各方的协调成本比较低。因此，如何降低政府、高校和企业之间的协调成本，就成了这种模式的关键所在。降低协同成本的途径之一是，联合各方进行有效、明确的分工，确保在联合的情况下不会产生扯皮和推诿的情况。在"零号湾"的实践中，上海交通大学发挥创业领域引领作用，吸引国内外高校毕业生创业团队，筹建"创投导师库"与"创业导师团"，推动创新创业体系的建设与完善，凝聚优质创业基金、创业培育机构入驻园区。闵行区政府则主要为入驻企业提供相应的政策扶持，完善周边配套设施建设，系统规划创业集聚区周围园区用地属性。为此，闵行区政府专门为"零号湾"提供500万元人民币的创业苗圃基金。上海地产集团则发挥地产建设及企业运营优势，出资共建运营平台，牵头硬件及配套设施建设，协同进行用地规划与改建，投资相关创业项目，承接集聚区成熟企业。联合主导也体现在管理架构上，"零号湾"专门成立战略咨询委员会，由上海交通大学分管副书记和上海市闵行区分管副区长担任双主任，为"零号湾"的发展提供全方位的智囊支撑，两个主任分别来自高校和政府部门，目标的一致性比较高，同时协调成本相对较低。在本书的框架下，"零号湾"的三方联合主导模式既理顺了各方的激励，又有效地降低了协调成本，具有很强的比较优势。

第五节　结论及进一步研究

本节在对我国众创空间进行充分调研的基础上，通过建立一个不完全合同框架下的简单模型，讨论了高校众创空间的模式对于创新激励的影响。

由于合同是不完全的，无论是企业主导模式还是高校主导模式都无法实现社会最优的创新努力程度，这是由于众创空间的非人力资产以及经营过程中的企业家都是不可或缺的，因此高校必须和企业家分享创新项目收益，这将直接影响不同模式下的创新激励。在大多数情况下，企业家愿意分享的比例要低于高校愿意分享的比例（$\lambda \to 0$，$\mu \to 1$），这是企业家的这种"经济人"特性使企业家主导情况下具有更高的创新激励。联合主导模式从根本上使双方的目标一致，但具体项目上的意见分歧可能会导致高昂的协调成本，因此内部的管理架构设计就变得至关重要。

还有许多相关的问题值得进一步研究。首先，创新努力程度也许并不能作为最重要的衡量高校众创空间好坏的标准，因此也有必要去讨论其他可能会影响众创空间效率的因素，如创业成功的企业数量、所培养的创新创业人才数量以及吸引到的风险投资数量等。其次，λ 和 μ 的具体取值范围反映了企业家和高校的许多人格化特征，但其具体的取值范围还需要更多的调研数据及计量分析。再次，众创空间的运行和管理机制也会影响众创团队的激励并进而影响到组织模式的选择，因此也值得研究。最后，如何降低协调成本以及协调成本如何内生地影响联合主导模式的效率也有待进一步分析。

第四章 国际一流高校建立创客空间的主要模式和运行机制

第一节 MIT Fab Lab：政府资助模式

美国是创客文化的发源地，诞生了许多以企业、社区、高校等为主体创建的各类创客空间，共同支撑着美国知识创新与科技孵化。作为"创造者的国度"（A Nation of Makers），2014 年 6 月，奥巴马总统在"白宫创客大会"上强调，要让美国学生成为世界的创造者，而不仅仅是世界的消费者。这意味着美国已将创客发展上升为国家战略，奥巴马政府计划在 1000 所学校引入配备先进数字制造工具的创客空间，培养个体"创造者"。

麻省理工学院（Massachusetts Institute of Technology，MIT）有两个享誉国际的开放式创客空间：微观装配实验室（Fab Lab）和媒体实验室（MIT Media Lab）。Fab Lab 是国内外创客空间的鼻祖和原型，对当前世界各国创客空间建设影响深远，Fab Lab 模式的兴起带有一定的偶然性。2001 年在美国国家科学基金会（National Science Foundation）资助下（持续五年，总资助额 1375 万美元，主要资助方向为基础研究及技术基础设施建设），MIT 成立了比特与原子研究中心（Center for Bits and Atoms，CBA），CBA 中心主任哲申费尔德教授（Gershenfeld）曾在 MIT 开设过一门课程——"How to Make (Almost）Anything"，该课程正如其名称所言，旨在教会那些没有技术经验的学生们制造任何想要的东西，创造出了很多令人印象深刻的产品，如为鹦鹉制作的网络浏览器、收集尖叫的盒子等，可以制造任何想要的东西。课程一经开设便大受欢迎，学生可以实现他们随心所欲的个性化需求目标。Gershenfeld 受此启发，利用美国国家科学基金会的资助发起成立的一项创新实验，即 Fab Lab，之后逐渐形成了系列，每年都会召开一次大会展示各项创新实验。

而随着创客运动风起云涌，Fab Lab 精神与模式在全球扩散，并与不同文化背景和不同技术成熟度下的特定需求相结合，实现了 Fab Lab 全球网络的延伸。目前，全球已经建立了 30 家遵循类似理念和原则的实验室，进一步助推了全球创客的浪潮。Fab Lab 研究组在推广过程中，为 Fab Lab 建立过程中的订购、安装、培训、编程及项目发展方面提供帮助。为了可以更好地支持这些功能，总部通过设在挪威的 Fab 基金会进行协调。自 2004 年起，CBA 每年都举办一次全球性的 Fab Lab 大会，每年数千名来自世界各地的 Fab 实验室成员齐聚一堂，围绕数字制造、创新和技术等不同的主题和兴趣，共同分享、讨论、合作和建立社区。我国中山大学新华学院科技应用与创新中心的创客实验室（中山大学新华学院开源实验室 Fab Lab XH）于 2015 年 2 月 23 日通过麻省理工学院 Fab Lab 审核，正式成为国际 Fab Lab 的成员。

Fab Lab 是一个任何人都可以制造任何东西的学习环境。通过基于项目的学习方法，人们能够找到他们自己的解决方案，这要归功于他们的学习方法，这些项目可以转移到儿童、学生、专业人士、企业家、老年人和没有受过正规教育的人身上。Fab Lab 本质上是一个能够实现快速建立原型的实验室平台，能够为创客提供完成低成本制造实验所需的环境（MIT Fab Lab 的设备如图 4-1 所示）。个体用户通过实验室提供的各种设备与工具来实现他们想象中的产品设计和制造。同时，每个产品的开发过程、创新成果可以在整个 Fab Lab 网络中进行共享。Fab Lab 不仅能够帮助用户设计并最终实现所需的对象和工具，更能为草根科技创新发展贡献力量，使社会在其文化背景下以自身速度发展成为可能。

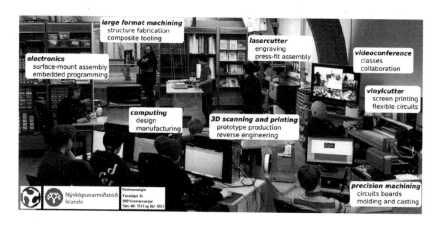

图 4-1　MIT Fab Lab 的设备

资料来源：The Tenth（2014）International Fab Lab Forum and Symposium on Digital Fabrication，https：//drive. google. com/file/d/0B_ No_ ubG_ RvOR1h2akJZNjVOd3M/edit.

据《解放日报》2014 年 11 月 8 日报道，麻省理工学院著名的 Fab Lab 正式落户格致中学，称为格致 Fab Lab 创智空间，它是麻省理工学院在中国与中国学校创设的第一家创新实验室。为了推动中国 Fab Lab 的发展，Fab Lab 创始人麻省理工学院 Neil 教授亲临格致揭牌，中国 Fab Lab 校际联盟也同时揭牌。作为联盟的发起和创始学校，格致 Fab Lab 将联手国内多所中学共建平台、共享资源、共同发展，积极参与国际 Fab Lab 联盟的创新实践活动。格致 Fab Lab 创智空间是一个 500 多平方米的空间，有两层，就像一个小型工厂，主要由一套数字化制造机及快速成型机组成，包括大型数控路由器、3D 桌面机和扫描仪、激光切割机、精密雕刻机、数控车床、三维打印机等。在这里，高中生可通过电脑编程、精密雕刻、3D 打印等技术，动手设计并加工模型和产品，如制作钥匙、印章，设计千奇百怪的车模、艺术品，甚至加工制作一件会发光的衣服。这里被分成了编程、焊接、3D 打印等功能区，每个小区域都有学习和讨论区。学生可以在这里边制作、边讨论。Fab Lab 在美国有"创新梦工厂"之称，美国已有 150 多家，主要分布在大学、中学和社区。在这里，任何想象都能变成现实模型，对学生来说，Fab Lab 就是一个发挥创意和动手能力的自由空间。

第二节　MIT Media Lab：校企合作的开放实验室模式

麻省理工学院另一个著名的创客空间是媒体实验室（MIT Media Lab），由麻省理工学院教授 Nicholas Negroponte 和美国前总统肯尼迪的科学顾问 Jerome Wiesner 于 1985 年共同创建，两位创始人很早就预见到了计算、出版业和广播业未来会产生交叉融合。随着这种交叉融合的加速，不同的学科之间也会产生交叉，不同学科的实验室就会融合成一个综合实验室，同一个实验室可能涉及认知、电子音乐、平面设计、视频和全息，以及计算和人机界面的工作等各种相关学科。MIT Media Lab 正是在这种背景之下应运而生。

MIT Media Lab 隶属于麻省理工学院建筑与设计学院，致力于科学、多媒体、技术、艺术及设计等领域的成果转化，鼓励打破学科界限，实现不同研究领域非传统的融合，被称为是全世界科技创客和发烧友们的"圣地"。该实验室创造了可穿戴设备、可触摸用户界面和情感计算等前沿技术（如电子墨水、NEXI 类人机器人、Scratch 图形化编程语言、玩具式学习工具等），创新研究强调"以人为本""跨学科""原创性"和"开放性"，其运行经费大部分来自于产业联盟会员。开放实验室模式一般依托于名校的高水平科技创新实验室平台，强调跨学科联合、跨领域整合、开放式共享，尤其强调科技与艺术的结合，实现创意、创新与创业的一体化。

一、人员组成

截至 2020 年 6 月，MIT Media Lab 拥有 35 支研究团队，共发起了超过600 个研究项目，包括生物力学、摄影文化、认知机器、流动媒体、信息生态学、个人机器人、社交计算等。媒体实验室主要从事研究工作，和MIT 的其他实验室不同，Media Lab 既包含一份范围广泛但不授予学位的研究议程，也包含媒体艺术科学领域的学位项目。有超过 30 名研究人员和高级研究学者领导实验室的研究项目，他们将和超过 200 人的研究工作人员、访问科学家、博士后及讲师等一起工作，实验室还配备了一百多名工作人员和管理人员。2019 年，实验室共招收了 174 名研究生，其中包括 94 名硕士生和 80 名博士生。除此之外，还有 45 名 MIT 其他系的研究生在媒体实验室开展研究和学习，每年还有大约 200 名本科生通过 MIT 本科生研究机会项目（Undergraduate Research Opportunities Program ，UROP）在媒体实验室工作和学习。

二、运行机制

作为一个纯学术研究机构，媒体实验室每年的运行经费约 6500 万美元，主要从 80 多个联盟会员获得资助。会员包括微软、谷歌、三星、松下、英特尔、思科、诺基亚、高通、乐高等世界著名企业，合作年费至少为 20 万美元。联盟会员一般不要求实验室从事特定研究，多数研究项目由团队独立向媒体实验室提出申请并获得资助，以保证研究内容的前瞻性和原创性。所有的研究项目都是在高度合作的环境中完成，而且都需要在 MIT 实验室或者会员企业中进行多次试验和测试。

这些世界顶级企业愿意成为 MIT Media Lab 的成员是因为这能给它们带来巨大的收益。首先，实验室的研究项目会探讨那些单个企业无法涉及的研究领域，实验室可以向每家会员企业提供大量未来潜在的新思想和新技术，这些新技术对于企业未来的竞争力至关重要。其次，会员企业可以查看研究项目的第一手资料，派遣研究人员参与项目讨论，甚至常驻媒体实验室。当然实验室的研究人员也可以参观会员企业获取研究灵感。会员企业和媒体实验室通过这种交互式研究而互利共赢。再次，在 MIT Media Lab 中工作的学生都非常优秀，而会员企业可以近水楼台先得月，优先招收这些优秀的学生加入公司。最后，也是更重要的，MIT Media Lab 每年会发布很多新的项目和产品，并设立超过 150 家新创企业，会员企业在其会员期内对研究成果享有非排他的（Non-exclusive）、免费专利许可（Royalty-free License Rights）的权利，即有权分享媒体实验室的知识产权和研究成果，获得技术咨询而无须支付授权费用。

三、物理空间

媒体实验室拥有两座大楼（E15）和（E14），其中新大楼面积为 15142 平方米，是一座开放的、工作室式的、自适应的六层楼建筑。新大楼和现有的 Wiesner Building 大楼一起作为研究项目成果的展示场所，目标是在双重建筑群内点燃新的能量，然后将这种能量向会员企业和整个世界推广。大楼的设计别出心裁，整个建筑内部高度透明，能够看到正在进行的研究项目，从而促进研究人员之间的联系和协作。为了配合研究项目中的样机试制，在大楼中建有一个小型制造实验室，加工设备包括木工锯床、焊接设备、钣金设备、工业级 3D 打印机、激光切割机、数控车床、数控铣床、数控水切割机床、线切割机床等。车间布局非常紧凑，由 3 名全职技术人员维护，面向媒体实验室成员 24 小时开放，但要求用户必须接受相关设备的操作培训并且不能单独工作。

四、MIT Media Lab 的优势

MIT Media Lab 这种校企合作的开放实验室模式，对科技的发展、经济的发展，以及高校创新创业教育都形成了极其深远的影响。一方面，MIT Media Lab 将高校的学术研究和企业的应用研究紧密结合在一起，既培养了大量的

高质量研究人员和学生，也为会员企业提供了大量的前沿研究成果，为其未来发展赢得了竞争优势。另一方面，截至 2020 年 6 月，MIT Media Lab 单单一个实验室就创建了超过 200 家新创企业，这些新创企业直接体现了经济和科技的发展，更重要的是，这些新创企业都是各领域中的新概念企业，引领了各行各业未来的发展趋势，为美国的未来赢得了竞争优势。

第三节　UC CITRIS：政府投资的创客空间综合体模式

一、成立的背景与使命

UC CITRIS（UC Center for Information Technology Research in the Interest of Society）全称为加利福尼亚大学社会利益信息技术研究中心，成立于 2001 年，由加州政府和立法机构投资创办，是加利福尼亚大学"科学和创新"四大跨学科研究所之一。CITRIS 给自己确立的使命是为人类最紧迫的挑战提供信息技术解决方案。为了实现其使命，CITRIS 利用了多个 UC 校园的跨学科研究实力，推动加州大学的使命和加州的创新精神，缩短世界级实验室研究与尖端应用、平台、公司甚至新兴行业发展之间的距离。

二、模式及运行机制

CITRIS 的名称虽然为研究中心，但它明显不同于传统的高校学术研究中心，而是集科研、创新、创业、融资等为一体的发明生态系统，类似于我国的综合性众创空间。CITRIS 发明生态系统包括竞争性种子基金、CITRIS 发明实验室、Marvell 纳米加工实验室、专业测试平台、CITRIS 民生 APP 实验室和 CITRIS 铸造启动加速器，涵盖了从概念到原型之间的各个环节。

竞争性种子基金的来源有联邦和州政府部门以及私人企业，包括国家科学基金会、美国国立卫生研究院、英特尔、微软、梅隆基金会和比尔及梅琳达·盖茨基金会等。2017 年 CITRIS 竞争性种子基金的资助范围主要是互联社区、健康、人和机器人以及可持续基础设施等，每个项目 1 万到 6 万美元不等，基金的资助总额为 55 万美元。

CITRIS 发明实验室与 Marvell 纳米加工实验室一起，为所有研究人员提供了一个独特的机会，实验室对包括学生、教职员工和工作人员的整个校园社区开放，研究人员可以在这里创建、生产和打包测试并最终投放给潜在用户、客户和投资者的原型。发明实验室位于加州大学伯克利分校的 Sutardja Dai Hall 一楼，面积约 158 平方米，具有以下三大功能：

学习：研究人员教授有关互动产品设计和原型设计方面的工程和新媒体课程。

构建：实验室提供一整套工具、技术支持和制造服务，用于创建功能原型。

启动：实验室通过为 CITRIS Foundry 启动加速器程序提供工作空间来促进将概念和想法转化为新的业务。

发明实验室中的设备非常全面，像 3D 打印机、激光切割机、CAD 图形工作站、钳工工具、电子产品工作台及一些电子设备等是标配，可以说包括一系列传统原型设备，从基础工艺工具到原型加工过程中的各种设备都完全配备（见图 4-2）。CITRIS 的创立者将研究人员的创新思想经过 CITRIS 实验室再到世界各地这一过程称为"创新通道"，而这些设施正是这一"创新通道"的重要组成部分。

除此之外，CITRIS 发明实验室还提供相关知识和算法工具来支持教师、学生和社区创新，从而使他们快速设计和构建想法。主要课程包括：交互式装置设计（CS294-84）和批判性制作（NM290），课程设计主要针对若干开放选题，通过团队讨论和合作，利用开源软硬件搭建产品原型，快速实现创意。

图 4-2　CITRIS 发明实验室设备

资料来源：CITRIS 官方网站，http：//invent. citris-uc. org/equipment/.

CITRIS 发明实验室已经成功创立的项目包括嵌入式感应系统、集成移动设备、可穿戴技术、响应式架构、连接的神器。发明实验室还专门为学生设立了社会福利科技计划项目等，这些项目可以为本科生、研究生及博士后的学生提供资金支持和软硬件开发支撑，资助领域主要是与健康相关的可持续研究项目。

三、示范性项目

CITRIS 还有个著名的"民生 APP 实验室"，该实验室旨在通过鼓励跨学科合作及全民参与来创建移动和网络应用 APP 为重大社会问题提供众创解决方案。为了提升学生的创新能力、职业生涯规划能力以及让其具备为社区服务的精神，CITRIS 民生 APP 实验室每学期都会组织一次最佳 APP 竞赛，APP 的应用领域涉及健康、能源与气候、灾害应对与响应、公民参与和教育方面的需求。

例如，CITRIS "民生 APP 实验室" 所开发的项目 "社会福利数据：选举运动和综合选民参与" 是专门针对美国民众的选举参与率低而设计的一项提升民众选举参与率的研究，由加州大学伯克利分校教育与政治学教授莉萨·加西亚·贝多尔拉（Lisa García Bedolla）担任首席研究员，该项目将为加州选民开发一个新的开放源代码数据系统〔称为数据社会福利（DSG）〕，以提升公民选举参与度。

另一项民生 APP 项目 "交互式城市灯光系统" 则是由美国圣莱昂德罗市（The City of San Leandro）政府与加州大学伯克利分校进行合作，通过收集有关人类活动经常被忽视的数据并加以利用，来改进城市灯光系统以增加行人安全性的示范性项目。CITRIS 为此项目开发了一个名为 Sensing Cityscapes 的课程，该课程将各个领域的学生召集在一起，包括来自城市规划、工程和建筑学、人文、认知科学、艺术、公共卫生和表演研究等学科的学生。该项目目前已经走出实验室，安装在圣莱昂德罗市的街道上，这种响应式照明系统正在发挥积极作用，通过提醒行人注意而增加了行人的安全性。

四、主要贡献及经验

CITRIS 工程师和研究人员来自加州大学医药、公共健康、法律、社会科学等不同学院，CITRIS 通过与行业、政府机构和国际合作伙伴的合作，其研究领域包括高质量卫生保健、智能基础设施（水资源、交通、城市）、稳定可持续能源的信息技术、数据与民主政治等。CITRIS 的重要贡献包括建立了加州远程保健网络，开发了太平洋研究平台，创建了加州报告卡（California Report Card）公民参与平台。

根据《CITRIS 影响报告：2018-2019》，研究中心于 2001 年成立，截至 2019 年 6 月，已经诞生了 80 多家高科技创业企业。跨学科研究吸引了大量开创性的教师、学生、企业合作伙伴和公民机构参与，也吸引了大型企业和基金会的注意，平均每个从加州大学校长办公室获得 400 万~500 万美元的项目可以吸引 8000 万~9500 万美元的外部研究经费支持，乘数为 18.5。

CITRIS 模式对中国高校众创空间来说最大的借鉴意义在于：一方面能有效地将政府、高校、企业及基金会联结在一起，共同提升的社会创新能力；另一方面能有效地组织跨多门学科的研究团队进行实质性的科研协作。通过这两个层次的协作，CITRIS 大大缩减了从高校学术研究到真实世界模型之间的距离。

第四节　Stanford D. school：高校主导模式

一、成立背景及理念

D. school 即 Design School，是斯坦福大学的一个横跨七个学院的跨学科教学项目，学院网站首页中央有一块非常醒目的标语："我们相信每个人都有创造力，斯坦福大学是一个旨在通过设计来开发自己创造潜力的地方。"这清楚地表达了学院的理念。另一块标语"我们的目标是通过设计来改变自己"表明"设计"就处于整个教学活动的中心地位。学院学生来自工程、医学、商业、科学等学院。D. school 通过一整套被称为"设计思维"（Design Thinking）的方法论，培养学生如何产生创造性的解决方案来应对当前时代不断发展的挑战。该方法论借鉴工程和设计方法，并结合了来自艺术的创意、来自社会科学的工具和来自商业的视野，通过"做中学"的方式，使学生不仅能够解决问题，而且能够发现现实世界中的问题。

二、课程体系：跨学科、跨学位

D. school 的课程基于设计思维方法，教学中所依赖的基本设计步骤为换位思考（Empathize）、定义问题（Define）、形成概念（Ideate）、开发原型（Prototype）和测试迭代（Test），强调从用户需求出发，将解决问题看作在信息不完全状态下不断摸索的过程，确定好问题后通过头脑风暴想出尽量多的解决方案，再根据反馈快速迭代，从而找到好的解决方案。

D. school 的课程体系包括三类课程：核心课程（Core Classes）、提升课程（Boost Classes）和弹出体验式课程（Pop-out Experiences），这些课程都同时适用于本科、硕士和博士等各个层次。核心课程提供设计中必须要的能力训练，要求学生在设计时全面投入以展现设计技能，每个课程的主题、风格及学时长短都可能不同，但具备了设计实践中最全面的体验，并且课程结束能获得学分。具体课程如"设计思维入门""工程创新""电影设计""科学、技术、创业交叉的设计"等。提升课程不是设计思想的全面介绍，其有助于增强学生的设计工具包，课程结束可以获得学分。具体课程如"构建创新品牌""重新设计新生儿重症监护室""面向更好卫生保健的设计思维""面向科学的设计"等。弹出体验式课程则是短期工作室，适合于那些有一个周末的短暂空闲时间而又希望参加一些有吸引力活动的同学。其实过程往往是非常令人兴奋和激动的，2019 年秋季的课程有"设计适合居住的地球""健康设计：帮助患者浏览系统""重新设计食品系统""变形设计""设计谈判：应用设计思考谈判者"等。2005~2020 年，D. school 共提供了 350 门学分课程和超过 150 门弹出体验式课程，而且斯坦福大学的众多课程都借鉴 D. school 的课程设计方法。

三、师资组成：跨学院、跨学界

D. school 的教师来自于斯坦福各院系和工业界。教师根据自己的跨学科研究方向并结合设计思维方法建设课程，向 D. school 课程指导委员会提出申请，获批后即可开课，学分从 0~3 分不等，通过学习、教学、实践的循环不断产生新的创意，培养学生的开放性创新思维和解决问题的能力。另外，D. school 的教学空间也是为其激发创造力的教学目的特别设计的，包括一个大的报告厅、多个项目工作室（墙面由可滑动的白板组成，可根据需要进行分割和合并）、多个活动存储空间、一个物理原型设计教室、一个数字化原型设计教室和两个多功能大教室构成，其家具（桌椅、沙发、屏风、存储柜等）均带有滚轮，可根据课程活动需要灵活配置物理空间。

D. school 涉及的诸多项目中，"斯坦福 2025" 是最具代表性的跨学院合作项目之一，该项目设计了 "2025 年的斯坦福大学"。2013 年，D. school 发起了 "@ 斯坦福" 项目（@Stanford project），项目组成员共同构想了 10 年后斯坦福学生在校园内外的学习和生活变化，并制作短片展示了想象中未来校园的特征。2015 年 10 月，项目组制作完成了 "斯坦福 2025" 系列网站，站在 2100 年的视角前瞻性地展现 2025 年斯坦福大学改革可能取得的一系列成就。根据项目组的设计，2025 年斯坦福大学的特征包括开环大学（Open Loop University）、绕轴翻转（Axis Flip）、自适应教育（Paced Education）、目的性学习（Purpose Learning）四部分内容，这一设计方案在全球高校教育改革中引起了极大的反响。

四、特色及借鉴

以上四种模式都有各自的特色，MIT 的 Fab Lab 模式及 Berkeley CITRIS 侧重于发明和创造新技术，侧重于自然科学领域。Stanford D. school 与 MIT Media Lab 强调设计及新媒体，注重人类的行为以及思维方式改变。四种模式的共同点是跨学科、跨学界，通过一些极具特色和颠覆性思维的项目，将政府、高校、企业的力量以及各个学科的力量有效地整合在一起，推动创新创意的进一步发展。

第五节　UMV Think Lab：高校主导的图书馆创客空间模式

"Think Lab" 是玛丽华盛顿大学（University of Mary Washington，UMW）辛普森图书馆将闲置教室改造而成的创客空间，该空间为不同学科的师生提供各种新兴技术和工具，包括 3D 打印技术、机器人、内嵌 Arduino 的电子装置和实验套件等常用设备。Think Lab 的服务范围覆盖整个大学社区，连续开办"Mashups & Makerbots"讲习班。图书馆创建了 3D 实验室，该空间支持开放政策以提升各种资源的可获取性，向全校师生提供 3D 打印课程、前沿可视化、快速成型、内容扫描以及动态捕捉等高端技术服务。

类似的模式还有美国内华达大学科学与工程图书馆（Da La Mare Science and Engineering Library），自 2012 年起，该图书馆开辟了近 200 平方米的空间作为创客空间，是全美国第一家配备 3D 打印机的图书馆。除了 Rhino 3D 打印机之外，图书馆创客空间区域还配备了 Slideworks3D 设计软件、电子配套元件、图书快印机、数控机床、激光切割器、Google 眼镜、Oculus Rift 虚拟真实耳机等创客所需要的设备，所有这些设备对全校的师生开放。图书馆的目标是，通过设立创客空间，将科学、技术、工程、艺术、数学（STEAM）等学科整合在一个富含知识、交流、技术、创造的物理环境中进行分享、碰撞、创新，能让各学科师生尽情地将自己设计的各类事物，如化学模型、机器人等变为现实模型，实现由比特向原子的飞跃，从而突破思维层面的感知，实现"大众创新"。

图书馆的核心价值是信息和知识服务，这与创客空间具有高度一致性，两者的融合能够进一步缩短从学术研究到创新产品之间的距离。在如今全球经济萧条，各行业急于寻求经济增长突破口的背景下，"图书馆+众创空间"模式能够加速知识的融合和创新，更好地为社区、学校服务。正如《2015 美国图书馆状态报告》所指出的：创客空间（Makerspaces）正成为图书馆事业持续向前发展的重要趋势。

第六节　国际名校创客空间的借鉴与启示

从创立的过程来看，国际一流高校的众创空间各有特色，但也有很多共同之处，可以为我国高校建立众创空间提供很好的借鉴作用，表 4-1 总结了几个具有代表性的国际一流高校众创空间的模式和运行机制。

表 4-1　国际一流高校众创空间特征

名称	创立者	使命或口号	资金来源	团队	主要贡献	示范案例
MIT Fab Lab	Neil Gershenfeld 教授	How to Make（Almost）Anything	美国国家科学基金 1375 万美元	跨学科，本硕博	助推了全球创客的浪潮	为鹦鹉制作的网络浏览器
MIT Media Lab	Nicholas Negroponte 教授和美国前总统肯尼迪科学顾问 Jerome Wiesner	Design technologies for people to create a better future	每年的运行经费约 6500 万美元，来自 80 多个联盟会员资助（如微软、谷歌等大企业）	跨学科，本硕博	27 个研究团队，共发起了超过 450 个研究，成立了超过 150 家新创企业	电子墨水、NEXI 类人机器人、Scratch 图形化编程语言、玩具式学习工具
UC CITRIS	加州政府和立法机构	Create information technology solutions for society's most pressing challenges	由联邦和州政府部门以及私人企业共同成立竞争性种子基金	跨学科，本硕博	加州远程保健网络、太平洋研究平台、加州报告卡公民参与平台、超过 60 家新创企业	"社会福利数据：选举运动和综合选民参与"、"交互式城市灯光系统"
Stanford D. school	Stanford 大学	Use design to make change where you are	Stanford 大学	跨学科，本硕博	用"设计思维"（Design Thinking），培养学生如何产生创造性解决方案	"斯坦福 2025""K12 实验室网络"
UMV Think Lab	辛普森图书馆	向全校师生提供各种新兴技术和工具	玛丽华盛顿大学	跨学科，本硕博	创立了"图书馆+众创空间"模式	UMW Keychains，3D 实验室

对处于起步阶段的中国高校众创空间来说，要发挥很好的效果，有必要形成有利于创新创业的"理念—资金—团队—激励"完整制度生态系统，可从以下几个方面进行顶层设计：

一、良好的创业氛围

创新创业首先要有一大批合适的创新创业人才，高校学生无疑是最佳的创新创业人选。但长久以来，高校更加重视的是学术研究教育而不是创新创业教育，要想让大学生成为创新创业的重要力量，有必要改变高校当前的教育模式，在全社会范围内形成"大众创业、万众创新"的良好环境，将大学生培养成集社会责任感、创造性思维、学术研究能力和实践动手能力为一体的新时代人才，让每个人都能成为梦想的实现家。MIT、加州大学、斯坦福大学等一流高校提供了很好的样板。良好的创业氛围不是一蹴而就的，需要政府、高校和企业长期共同维护。反过来，一旦形成了基于开拓创新的良好创业氛围，高效率的创新创业活动就可以长期得以维持。

二、以"前沿"换资金

从设立过程及经费来源来看，高校众创空间的主要模式有政府主导型（如 MITFab Lab）、高校主导型（如 Stanford D. school、UMWThink Lab）以及校企合作型（如 MIT Media Lab、Berkeley CITRIS）。从经费上看，设立时可以由学校先期投入开展基础设施建设和创新教学项目开发，但后期运行经费要多元化，可以来自于合作企业、政府专项基金、社会捐助和教育培训等，最好实现自主运行、良性循环。MIT Media Lab、Berkeley CITRIS 的经费来源主要是合作企业，而合作企业愿意资助的原因，是由于这些创造空间的研究项目对企业来说有足够的吸引力，这要求高校众创空间要能够拿得出高质量的研究项目。

三、跨学科的项目、跨学科的团队

高质量的研究项目往往涉及当今社会面临的重大挑战和问题，需要打破学科界限，建设跨学科协同创新实验室，因此几乎所有一流高校众创空间都强调跨学科研究。这要求高校一方面应当鼓励有志于从事跨学科创新人才培养的教师、知名企业技术专家组成创客空间导师团，共同建设跨学科导引、设计思维、实践技能和综合创新项目类课程；另一方面还应该鼓励本硕博各个层级的同学加入到项目研究中来。MIT Media Lab 和 Berkeley CITRIS 鼓励全校的同学参加创客空间活动，Stanford D. school 则是在全校所有的学科中招募新的学生来进行项目设计。另外，众创空间的设备应该尽量包含从创新思想到原型模型之间的所有环节可能用到的设备。

四、高激情、强激励

高校众创空间的研究人员往往还承担教学研究或学习任务，只有教学研究或学习任务和创新创业活动不冲突时，高校众创空间才能获得长久的发展，因此应当给予众创空间中的教师或学生以适当的激励。Stanford D. school 将跨学科创新教学工作量和教学成果作为学校评定各院系教学工作、创新人才培养方面的重要考核指标，在教师职称评定和岗位聘任时予以优先考虑。而对学生来说，参加了 Stanford D. school 核心课程和提高课程同样可以获得学分，甚至可以获得保送相关专业研究生的资格。而对于具有创业价值的项目将获得后续场地、设备、资金方面的指导和支持。

总的看来，我国高校的众创空间建设还处于起步阶段，相较于欧美一流大学的众创空间还有很大的距离。通过对国际一流高校众创空间建设的比较分析，可以为我国高校众创空间的建设提供很好的借鉴作用。我国的优势在于，高校众创空间建设得到了从中央到地方各级政府的大力支持，只要能够在"理念—资金—团队—激励"等各方面进行精心设计，很快就能建设成一批高效率、有特色的高校众创空间。

第三部分　治理机制：问题及思路

第五章　企业和政府主导的众创空间运行机制案例

第一节　企业主导的众创空间案例：
腾讯众创综合体

一、发展历程

腾讯开放平台（http://open.qq.com/）是腾讯公司积极利用众创来提高自身创新能力的重要措施。和其他众创空间的不同之处在于，大多数众创空间只是一个平台，平台的组建者往往是非营利组织，自身并没有创新需求，而腾讯开放平台很好地将自身的创新需求和众创空间创业者的创新需求相结合，以"大众创业、万众创新"为契机，将自身核心资源开放给创业者，再通过创业者的成长获得腾讯自身的成长。在经历了初创期（开放战略1.0）、发展期（开放战略2.0）之后，已经逐渐形成了集创新、创业、投融资服务等功能为一体的众创空间综合体，腾讯官方称之为"开放战略3.0"，已基本形成具有良好氛围的、可持续发展的双创生态系统。

（一）开放平台1.0时期

腾讯从2010年开始筹备开放平台，于2011年6月15日在北京正式上线。

早期的腾讯开放平台类似于 App Store，主要为用户提供基础服务，通过开放自身的接口，使第三方开发者通过运用和组装平台接口来开发新应用，并将该应用在平台上运营。通过将众多开发者聚集在平台上，能够有效整合知识与资源，提升企业和平台的价值。与 App Store 类似，腾讯开放平台 1.0 通过自身与开发者的互利互惠，提升开发者的创新积极性，从而推动整体互联网产业的创新升级。在开发、运营、推广、变现这一系统流程的各环节上为开发者提供了各方面的支持，为创业者提供全流程、全方位、立体化的平台环境。

在腾讯开放平台的初创阶段，参与者间的高度信任极其重要，为了吸引开发者加入，最重要的是参与者之间能够互信互助，创新的方法和经验能够共享传承。因此，腾讯开放平台在发展初期致力于构建平台参与者之间的信任与沟通机制，设计了更加深入、广泛的知识交流方式，包括开放体系的建立以及创业基地的建设等。

（二）开放平台 2.0 时期

经过两三年的发展，腾讯开放平台进入 2.0 阶段，着力整合社会的力量，整合创投的联盟，把线下的加速和线上的扶持全部合为一体。根据创业者的需求，联合地方政府、运营商、第三方服务机构等合作伙伴以及多方社会资源，从软硬件等多方面打造更好的线上、线下创业环境，为中小微企业和创业者提供全方位服务的立体孵化加速器。腾讯还介入了平台企业的投融资活动，在产业布局中投资了非常多的企业，同时跟国内非常知名的 VC、PE、天使投资人一起整合了超过 1000 亿元的资本，对初创企业的融资遍及 A 轮、B 轮、C 轮，直至上市，这些资金有力地助力了许多开发者。

在发展期和成熟期（开放战略 3.0 时期），开放平台设计了一系列的活动，如供开发者、平台与投资人之间进行面对面分享的沙龙、有针对性的培训课程、面向校园创新创业的帮扶计划、帮助开发者发布新品的开放日，以及记录创业历程和核心能力的发布会等。同时，在活动的地域分布上，该开放平台系列活动的开展涉及北京、上海、成都、广州、杭州等多个城市，每年的活动开展频率也很高。总之，开放平台为优秀开发者、投资人、用户之间提供了畅通、有效的交流途径，随着活动的持续展开，参与者对平台的认同度逐渐增加，参与者与平台之间的关系也变得更加紧密。

（三）开放平台 3.0 时期

腾讯开放平台 3.0 已发展成为全要素众创空间，基本形成创新的生态系统。开放平台 3.0 时期主要聚焦于三个方面：第一，打造创新生态，推动行业升级。腾讯公司拥有多个大型互联网生态系统，腾讯众创空间具备流量加速、开放支持、创业承载、教育培训和辐射带动等能力，以"创新创业孵化+企业转型孵化+产业演进孵化"的思路，开辟互联网时代众创空间的新模式。第二，开放核心资源，包括线上资源和线下资源，来帮扶企业发展腾讯众创空间。线上资源包括腾讯的核心应用平台、内容平台、能力平台，创业者可以从中获得海量用户、开发接口、技术能力、产品推广、流量等互联网资源。线下资源主要是在开放平台 2.0 的基础上进一步联合社会力量（如政府、运营商、创投机构、产业联盟、高校机构等），在全国各大城市集中面向以移动互联网为主的相关产业的创客、创新创业团体，提供包含工作空间、网络空间、交流空间和资源共享空间等在内的各类创业场所，为创业者提供低成本、便利化、全要素的创业服务平台，入驻腾讯众创空间的创业者有机会获得线下的物理空间、政策、补贴等服务支持。第三，推动持续创新，激发创业者的创新动力，这是保障创新生态系统可持续发展的必要条件。为实现这一目标，腾讯公司推动创新创业加速进行，以加速促创新，同时，在开放的环境中通过合作、投资等途径吸收不同的思想观点，扩展视野，提高腾讯自身的创新能力。在持续创新的过程中，创新生态的主体能够协作互补，共生共赢，实现经济增长和财富增长。通过这三个方面的措施，一个充满活力的创新生态系统已经基本形成。以上三个阶段的特征总结在表 5-1 中。

三个发展阶段在利益分配方面也有所不同，腾讯开放平台利益分配机制的发展主要遵循利益分配逐渐向开发者倾斜的原则。在腾讯开放平台的萌芽

表 5-1　腾讯开放平台的发展阶段及特征

发展阶段	模式名称	目标	特殊措施	信任机制	分配机制
开放平台 1.0 （2011~2012 年）	苹果式	吸引开发者	开放课堂、沙龙	建立信任机制 是重中之重	阶梯式分成
开放平台 2.0 （2013~2014 年）	苹果式	完善平台机制	长尾扶持计划	稳定信任机制	向开发者倾斜
开放平台 3.0 （2015 年至今）	众创空间综合体	利用众创资源、 分享创业收益	扶持中小开发者	强化信任机制	分类确定、 向开发者倾斜

期，其分成策略比较单一，不论上线应用的收入是多少，都是腾讯获得收入的 70%，开发者获得收入的 30%。在初创期，腾讯开放平台为了更好地搭建良好产业生态环境，帮助中小开发者快速成长，实施了阶梯式分成策略：月收入少于 10 万元的应用，全部收入都归开发者所有；月收入在 10 万~100 万元的应用，腾讯获得 30%，开发者获得 70%；月收入在 100 万~1000 万元的应用，腾讯和开发者各获得 50%；收入在 1000 万元以上的应用，腾讯获得 60%，开发者获得 40%。同时，腾讯开放平台为了鼓励开发商为平台带来更多活跃用户，推出"根据月日均活跃用户的数量可享受额外分成比例上调"的奖励计划，最高上调比例达 25%。在发展期，腾讯开放平台进入了高速发展阶段，利益分配越来越向开发者倾斜，游戏、应用等有独立向用户收费获得盈利的产品，在接入腾讯平台后采取开发者拿 70%、腾讯拿 30% 的分成方案；平台和开发者联运的应用，开发者获得收入的 60%，腾讯获得收入的 40%。同时，腾讯规定广告联盟带来的广告收入全部归开发者所有，此外，还实施了长尾游戏扶持计划，收入 100 万元以内可以不分成。腾讯开放平台进入成熟期后开发者所获得的收益比重将更高，并且腾讯持续加大对中小开发者的扶持力度。特别是对于占比较高的渠道费，腾讯开放平台应该会有更多的考虑。此外，在未来，开发者给开放平台带来的价值可能比分成比例更重要，因此，加入更多的奖励机制是未来分成模式的调整方向。

二、运行机制：规模效应、集聚效应和协同效应

腾讯开放平台3.0的创新生态系统需要与之相适应的全要素双创服务体系才能良好运转。众创空间依托这些双创服务体系，为创业者提供立体化全要素线上及线下孵化空间，再借助腾讯及合作伙伴的互联网资源优势，充分和国际接轨，为培养、孵化创业者营造了良好的创业氛围。如图5-1所示，通过六大服务体系，充分利用企业内外部六大战略资源，极大地提高了"双创"的效率，然后通过入股和资金注入的方式分享"双创"成功带来的收益，这种模式既可以增加自身的利润，又能在全社会培育"双创"的氛围，为企业未来提供持续的创新能力和源源不断的利润增长点。

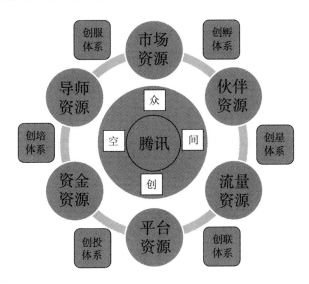

图5-1　腾讯利用众创空间六大服务体系和六大战略资源

开放平台3.0时期非常注重发挥六大服务体系和六大战略资源之间的协同作用。创孵体系是腾讯众创空间的载体和办公服务体系，为创业企业提供线下物理办公环境。线下创业园区内部整体设计和办公氛围采用轻松、自由、活跃的格调，让互联网创业团队能尽情发挥创新思路并通过自由开放的讨论和不定期的行业、高校研讨会进行思想的碰撞与交流，从而不断完善自身的

产品建设。这种线下物理办公环境本身也是一个非常完整的体系，可以称之为办公生活一体化的"双创"基地，避免了传统众创空间沦为解决办公问题的物理工作空间的弊病。腾讯的线下创业园包括覆盖各行业的联合办公区间、配套会议室、中型培训教室，设置胶囊公寓、洗浴、洗衣、健身等生活设施，为创业团队提供全生命周期承载。众创空间包括专门的投资机构空间、商业服务空间以及加速器空间等，投资机构空间大大方便了创业团队的投融资活动，商业服务空间主要提供"互联网+新商业"相关服务，如互联网智能餐饮、O2O体验店等服务，而加速器空间可面向A、B轮以后的创业团队进行加速，支持"办公室+实验室"模式。这样的"双创"基地中，创业与生活不再是对立的存在，"双创"基地将集创业办公服务、产业科技园区、居住生活于一体，成为更有效的创业形态，有效地发挥了创新创业的规模效应、集聚效应和协同效应。

在开放平台3.0时期，腾讯公司采取多种措施消除阻碍六大服务体系协同作用发挥的因素。创服体系覆盖财税服务、工商注册、知识产权、资质办理、法律服务、社保服务、企业采购、视觉设计、人力资源、技术开发、市场营销11大类1200余项服务，创业公司可以快速了解服务知识，轻松寻找靠谱商家，一站式采购所需服务。根据客户服务的不同环节，针对性地设计了下列服务表格，提高服务的效率（见表5-2）。

表5-2 创业服务流程中的痛点

环节	用户痛点	腾讯服务品质保障
找服务	本地的优质服务商太少； 不知道有哪些企业服务商	严格把关入驻服务商的质量； 按省、市、区完成服务商覆盖
选服务	面对众多企业服务商，不知道应该选哪家； 价格不透明，性价比太低	清晰的资质、服务案例展示； 清晰的服务内容、价格对比； 用户评价、评分参考

续表

环节	用户痛点	腾讯服务品质保障
用服务	服务效率低，流程烦琐； 流程不透明，服务进展无法掌控； 服务质量无保障，完成质量差	清晰的服务内容、流程展示； 完善的订单状态通知、客服跟进； 先验收后结算的担保交易机制； 服务商保证金、平台申诉机制

　　创投服务体系依托腾讯系各大平台核心资源，以资源投资扶持优秀创业团队，加速项目成长，始终致力于成为中国创业领域最优秀的加速器，并取得了丰硕的成果。2014 年全球合作伙伴大会上，腾讯开放平台向全行业提出"以百亿资源扶持百家行业独角兽"的"双百计划"；2015 年，"双百计划"投资扶持公司一年内估值提升超过 120%；2016 年上半年，"双百计划"扶持公司超过 50 家，公司总估值超过 500 亿元。

　　创培体系和创星体系旨在培育具有成长性的创业团体，重在教育、交流，具体做法是开放 18 年来的成功产品思维和务实创业经验，与创业者分享腾讯产品思维、创新商业模式与营销实践、公司治理与人才、良性政企互动、创业资本战略等创业知识模块，整合腾讯系资源为创业者打造资源对接与互助平台，连接行业顶级专家为创业提供一对一的交流平台。例如，2015 年，腾讯众创空间联合长江商学院创办"青腾创业营"，聚焦企业创始人成长，强调实战性与成长性。创星体系的主要目标则是培育一批"双创"新星。

　　创联体系是指腾讯众创空间的创业联动体系，重点是维护腾讯和政府、运营方以及创业企业之间的关系，使相关四方能够形成稳定的长期关系。腾讯众创空间充分利用腾讯开放平台的资源优势，已接入数百家创业服务商，创业服务包括财、法、税等标准化需求，营销、设计等非标准化需求等，未来将涵盖全方位的创业服务。众创空间采用创新的运营方式，以腾讯扶持、政府政策保障和当地资深运营方运营的三合一模式来多维度扶持创业者。其中，腾讯给予资源和平台支持，地方政府给予政策与场地等支持，运营方则负责日常众创空间的维护同时也参投创业公司，各参与方都全心全力地助力并关注创业团队的成长。

三、腾讯开放平台的运行效果及政策启示

与其他主要众创空间的服务对比（见表5-3），由于发展思路清晰，"六大服务体系+六大资源"的模式运行效率较高，腾讯开放平台已经成为国内领先的众创空间，有效地解决了大部分众创空间所面临的三大困境：众创变租房、服务成鸡肋、入驻是空想。这些问题可能是由于整体业态处于低级阶段，导致许多配套服务承诺几乎成了敷衍，例如创业辅导作用不明显，只有少数的众创空间才能提供优惠政策资源，最终结局必然是入驻率较低。这些问题影响了众创空间的可持续发展能力，对创业项目无法提供真正关键的帮助，创业扶持作用有限。而高效运行的腾讯模式成功地将一潭死水变成一池清泉。腾讯开放平台从2011年成立至2016年6月末，已有近600万注册开发者在腾讯开放平台创业，开发者数量较2015年第一季度增长24%。

表5-3　主要众创空间服务对比

主要众创空间	基础空间产品	企业服务	政策支持	交流活动	创业培训	产品开发	营销推广	投融资	流量资源
腾讯众创空间	√	√	√	√	√	√	√	√	√
百度创业中心	√	√	√	—	√	√	√	√	√
启迪之星	√	√	√	√	√	√	√	—	√
3W 咖啡	√	√	—	√	√	√	√	√	√
优客工厂	√	√	—	√	√	√	√	√	√
创新工厂	√	√	—	—	√	√	√	√	√
梦想小镇	√	√	—	√	√	—	√	√	√
36 氪	√	√	—	√	√	—	√	√	√
科技寺	√	√		√	√		√	√	√
联想之星	√	—	—	—	√	—		√	√

资料来源：根据腾讯官网公开资料整理。

腾讯众创综合体（腾讯开放平台）的成功经验也给政府有关部门提供了很好的启示。企业本身的利润动机使他们有很强的动力去推动众创空间的发展，基本上无须政府主动设计思路。实际上，即使政府设计了具体方案，也很难适应快速变化的市场。最好的办法也许是，当企业遇到困境而向政府求助时，政府能够高效地施以援手而不是推来推去，这样可以充分发挥"市场之手"灵活地进行资源配置的功能，从而达到各方都有利的状态。其实，政府能够本着服务企业的理念来高效地解决问题，则是企业、市场和民众之大幸。因此，政府如果能像企业那样，做好自己本职的事情，这本身就是一种帮扶。

第二节　政府主导的众创空间案例：杭州梦想小镇

腾讯开放平台的"众创空间综合体模式"是符合中国国情的更有效率的模式，而杭州梦想小镇模式与腾讯开放平台相比是两种截然不同的众创空间模式，整个梦想小镇的规划设计和管理完全由政府主导。通过对腾讯开放平台和杭州梦想小镇的比较分析可以给如何发展众创带来更多的启发。

一、思路与定位

杭州梦想小镇的建设是浙江省政府在"大众创业、万众创新"和新型城镇化的大背景下提出的新思路。梦想小镇位于杭州市"城西科创大走廊"带上，属于未来科技城的核心区域，与杭州主城区无缝对接，紧靠西溪湿地，毗邻浙江大学、杭州师范大学，交通便利，总规划3平方公里，2015年3月28日正式开镇，采取"互联网创业小镇"和"天使小镇"双镇融合的发展思路。互联网创业小镇重点鼓励和支持"泛大学生"群体创办电子商务、软件设计、大数据、云计算、动漫设计等互联网相关领域的企业；而天使小镇则为互联网创业小镇提供融资支持。梦想小镇通过"政府牵头+企业合力+大学生人才+基金资本"，是政府主导众创模式的典型代表。从功能上看，梦想小镇和众创空间类似，是一个互联网创业的生态圈，可以称之为巨型的众创空间，梦想小镇内部也孕育了多家众创空间，如紫金港创客空间、创梦空间、青年众创空间、求橙众创空间、菁创汇、南方梦立方等。浙江省政府对梦想小镇的定位有以下三点：

（1）成为众创空间的新样板。"大众创业、万众创新"已经成为经济新常态下经济发展新动力，而众创空间是万众创新得以滋生的肥沃土壤。梦想小镇的众创空间目标是建成开放式的创业创新生态系统，能够为大众创新创业者提供良好的工作空间、网络空间、社交空间和资源共享空间的创业服务社区，让创业者的奇思妙想与市场需求充分对接。

（2）成为信息经济的新发动机。小镇大力发展以互联网为核心的信息经济，既能推动传统产业改造提升，又能源源不断地输送初创型优质互联网企业，成为信息经济的新发动机。试图通过推动"互联网创业小镇"和"天使小镇"融合发展，以实现线上与线下互动、科技与资本共舞、孵化与投资结合，使梦想小镇成为信息经济的新增长点。

（3）成为特色小镇的新范式。通过建立若干个特色小镇来为万众创新布局是浙江省为启动创新这一经济发展最重要引擎所做的大胆尝试，而梦想小镇的建设目标是打造成为浙江省的新范式。在建设过程中逐渐从硬件建设转向软、硬件同步统筹推进，加大对国内外优质互联网企业和平台、天使基金、私募金融、互联网金融等科技金融企业的挑选资助力度，这就需要静心制定周到的扶持体系，才能吸引全国甚至全球的创业人才向这里集聚。

总之，梦想小镇顺应了"互联网+"和"大众创业、万众创新"的发展浪潮，确定了"资智融合"的发展路径，通过锁定人才和资本两大关键创新要素，促进互联网创业和天使投资共同发展，实现创新和创业能力的快速提高，最终实现城市竞争力和经济的跨越式发展。

二、建设效果

作为浙江省 100 个特色小镇的首批试验田之一，梦想小镇发展迅速。梦想小镇依托浙大、阿里巴巴、浙商的优势，建成了一个低成本、全要素、开放式、便利化的创业社区。例如，完成"万兆进区域、千兆进楼宇、百兆到桌面、Wi-Fi 全覆盖"的网络基础设施建设；与浙江大学合作，共享浙大实验室和技术平台，共建健康医疗公共技术平台；引进科技文献查询系统和世界专利信息服务平台，购买阿里云服务，向小镇创客免费开放；建成互联网小镇、天使小镇和创业大街三个先导区块，完善居住、商业、社交配套功能等。

从 2016 年 3 月开始建设的创业大街，采用古建筑修旧如旧的方式，改建了 4.3 万平方米传统与现代交相辉映的建筑空间，实现了从一个普通的城郊集镇到"充满创业梦想和创业激情"的亮丽特色小镇的蜕变。创业大街从此前侧重的"模式创新"为主更迭到"技术创新"为主，更加注重科技创新，侧重于智能硬件等技术创新类项目的引进和培育。

梦想小镇还建设了一批特色鲜明、垂直细分的村落，如"车联网村""梦想小镇的教育村""健康医疗村""e 商村"等，"e 商村"旨在全力培养互联网经济下的新型电商企业，推动互联网金融、软件开发、网红直播等互联网产业的发展。这些作为梦想小镇核心拓展区块，并且有专业细分的"特色村"共同形成了梦想小镇的创新群落。

根据梦想小镇官网公布的信息，从创业项目数量上看，2015 年开园时首批只有 80 个创业项目、800 多名创客、15 个金融项目落户。至 2017 年 7 月，梦想小镇累计引进孵化平台 40 家、互联网创业项目 1080 余个、创业人才近10000 名，其中 120 余个项目获得百万元以上融资，融资总额达 40 亿元；集聚金融机构 750 余家、管理资本 1680 亿元；举办创新创业类活动 710 余场，参与人数近 12.8 万人次，不到两年的时间创业项目等指标实现了 10 倍的增长。梦想小镇被住建部列入全国范围推介的 10 个特色小镇样板，被浙江省经济信息化委员会列入全省 13 个省级标杆小镇。

三、与腾讯众创综合体的区别

（一）相同点：生态系统构成

在众创生态系统方面，梦想小镇和腾讯众创综合体基本类似，也搭建了基础服务平台、创业服务平台、人力资源平台、资源共享平台等大部分众创空间的标配（见图5-2）。区别于传统封闭式园区的管理理念，梦想小镇按照"有核无边、辐射带动"的思路，形成"新陈代谢"的良性循环，积极推动梦想小镇各个创新村落与周边区域之间在"空间、配套、产业、政策、招商"方面的融合。

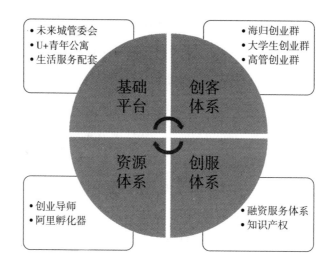

图5-2 杭州梦想小镇创业生态系统结构

在杭州未来科技城内建立"孵化器—加速器—产业园"式的接力式培育体系。对于园区出来的项目，积极推介到周边科技园和存量空间中去加速并产业化，园区空出来的空间将继续引入新项目的孵化，形成滚动开发的产业良性发展路径。

另外，梦想小镇本身只是浙江省政府几十个特色小镇中的一个，其他的特色小镇如诸暨袜艺小镇、上城玉皇山南基金小镇、西湖云栖小镇、嘉善巧克力小镇、龙游红木小镇、莲都古堰画乡小镇等。浙江省政府对这些特色小镇进行了顶层设计，形成了一个更大、更完善的小镇生态系统。特色小镇之间也可以共享资源、互通有无、协同共促，这一点是腾讯众创综合体所无法比拟的。

（二）不同点：运行机制和政府的作用

腾讯开放平台由企业主导，而梦想小镇由政府主导，这是两者最大的不同。主导力量的差异也许会产生出后续运行机制及效率的显著差异，但在发展初期，这种差异还不明显。

政府推动众创空间的优势是"制度供给"，政府可以高效地出台各种必要的制度，让资本、技术和信息紧密结合并产生化学反应。浙江省政府早在2015年1月1日就制定并实施了《关于建设梦想小镇（大学生互联网创业小镇）的政策意见》，将其打造成为浙江更富激情创业生态系统的重要平台和杭州发展信息经济、智慧经济的特色载体，且将梦想小镇的扶持对象确定为全日制普通高校在校及毕业后十年内的大学生（毕业时间从毕业证书签发之日计，具有硕士及以上学位的人员不受毕业年限限制），以本人名义在梦想小镇创办符合产业定位的企业。为了保证政策的可行性，政府还制定了政策的实施细节，例如《人才租房补助清单》《梦想小镇创新券使用管理办法》等。为了方便创客们熟悉政策，政府专门提供了相关政策一览表，举办了创业培训班，提供了操作视频流程等，据杭州未来科技城管委会的说法是"以'店小二'的服务理念"建设梦想小镇。

第三节　经验借鉴

一、明确政府的角色定位

政府是梦想小镇的重要推动力，为了更好地打造创业生态，政府必须继续做好"店小二"的角色，在为创业者提供良好服务的同时，发挥市场的主导作用，充分利用先进孵化平台，以市场化的进入退出机制营造良好的竞争环境，在优胜劣汰中培养优质企业。在政府管理体制上要进一步创新，整合提升开发主体，集中资源要素，统一政策口径，特别是在住房配套、优惠政策实施等方面体现一致性，防止出现多头管理难以协调的状况。在具体做法上进行创新，例如对众创空间中具有重要前瞻性的新兴技术与服务创新成果，可以实行政府购买和社会购买相结合的方法对创业项目进行市场支持。在考核方面，将众创空间作为新型的创新载体，对众创空间建设成效进行动态考核与滚动的政策扶持，逐步建设和优化众创空间的地理布局与多元功能，发挥创业生态系统在"大众创业、万众创新"中的主体作用。

二、众创空间综合体模式是企业利用众创的高级模式

企业利用社会大众推动创新的主要模式有一体化、苹果式、众包式和众创空间综合体，每种模式又有自己的特征，适用于不同的环境。一体化可以缓解合同不完全所造成的专用性投资不足问题；而在产品专用性强的行业，苹果式往往更为合适；众包式虽然适用的范围广泛但信息不对称现象严重；众创空间综合体模式可以说是企业利用众创的高级模式，最大程度地利用了社会大众的智慧，也最能形成集聚效应和协同作用，可以作为"大众创业、万众创新"的主推模式。但众创空间综合体模式也存在创业成功率低和管理协调难度大的困境。

三、创新链、资本链、价值链三链融合发展

梦想小镇要想实现当初设定的目标，需要遵循企业的生命周期规律，打造完备的创业企业成长生态链，实现创新链、资本链和价值链的融合发展。

延伸创新链，覆盖小微企业成长的全生命周期。随着小镇企业不断步入生命周期新的阶段，需要在现行以孵化器为主的平台基础上，推动加速器和成熟产业园区建设，形成接力式、多层次的产业培育发展空间。具体来说，在物理空间上，基于未来科技城整体规划，在城西科技创新大走廊范围内，构造起"孵化器—加速器—产业园"在内的一体化企业成长平台，形成上下承接、互联互通的产业培育体系，进一步利于研发项目的成果转化和产业化进程。

打造多层次资本链，提供全生命周期金融服务。在现实情况中，金融资本应适应企业在不同阶段的融资需求特点，从多元化信贷服务、多层次资本市场、政策性融资担保、互联网金融等渠道联合发力，打造全生命周期科技金融服务链。小镇当前主要以天使投资为主，随着小镇企业成长发展将带来融资需求增多、融资模式变化，应当逐步布局到风险投资、私募股权投资、公开募股，最终推动企业上市，并引入特色信贷、投贷联动、政策担保等创新型信贷融资模式。建议以未来科技城（海创园）为载体，有序启动浙江省上市公司金融村的规划。

完善价值链，从消费型互联网扩展到生产型互联网。价值链是关乎梦想小镇未来发展的持久动力源，是三大链条的核心和根本。目前梦想小镇大多数"互联网+"项目属于消费型互联网的范围，消费互联网的市场占有率虽稳定增长，但增速逐步趋缓，因此后续引入的创新企业需要逐步从消费型互联网扩展至生产型互联网，其中包括以用户为导向进行个性化设计的生产制造体系的互联网化、以线上线下一体化为主要趋势的销售物流体系的互联网化。同时，从一个更长远的视角看，经济发展的根本驱动力来自制造业企业的技术创新，梦想小镇在引入"互联网+"项目的同时，也需要注重制造型创新企业的孵化和培育。

四、打造更加开放的创业生态系统

小镇开放式众创空间的设计营造了浓厚的创业氛围，实现了创业人才的有效沟通和创业资源的充分共享。在当前物理空间的开放式创业环境外，还可以尝试利用互联网优势，打造一个更为开放的虚拟空间，实现全省、全国乃至全球范围的人才、资本、管理等要素在小镇的集聚发展，形成开放式的创业生态系统。

当前小镇提供的创业服务仍有待完善。政府应加强和企业的良性互动，解决信息不对称的问题，防止出现政府优惠政策传达不到位的现象；在努力引进创业服务机构和孵化平台的同时，着力协调政府与创业服务平台、创业企业三者之间的关系；政府在简化审批和管理程序的同时，充分利用市场的力量，搭建创业服务平台，积极引进创业服务的中介机构，形成完善的创业生态体系。

五、构建富有活力的众创环境

良好的众创环境是众创空间可持续发展的重要推动力，这需要策划各种主题活动，关键是持续、有深度、不要停。例如，众创空间要有计划、有步骤地围绕创新、创业、创投、创客等主题，策划讲座、交流及创业大赛等活动。另外，政府和企业还可以探索如何协同作战，将创新创业走进中小学校园，培养中小学生的科技创新精神和实践能力，形成若干个"校园创客教育示范基地"，营造更优的创新创业生态环境，为"大众创业、万众创新"输送源源不断的创客流。

第六章　我国高校众创空间的治理机制：问题及举措

第一节　我国高校众创空间的主要模式

为了掌握近年来我国由高校创办的众创空间的发展状况，为相关部门进一步完善和改进高校创新创业教育体系提供建议，笔者曾经在 2017 年 6 月到 2019 年 10 月对北京、上海、天津、青岛、杭州、深圳等城市的 10 多家高校众创空间进行了深入的调研，采用访谈和问卷调查等形式对这些高校众创空间的管理者和高校学生进行了调研。

在对我国重点高校组建众创空间进行调研之前，笔者带着这样的问题：第一，我国高校众创空间有哪些模式？最优的模式应该是什么？第二，我国高校众创空间都是怎样运行的？最优的运行机制有哪些？第三，我国高校众创空间的建设效果怎样？影响多少高校学生？第四，高校众创空间如何与高校的创新创业教育紧密联系？第五，我国高校众创空间是否还应该大力推进？

从创立主体上看，主要有三种模式：高校独立自主创建模式、"高校+企业"小联合模式，以及"高校+企业+政府"大联合模式。高校独立自主创建模式如清华大学 i.Center，北京大学创业训练营，前者是由传统的工程实践教学基地"基础工业训练中心"转变升级而来，后者是由北京大学校友会创办。"高校+企业"模式如浙江理工大学的"尚+众创空间"。"尚+众创空间"由浙江理工大学、卓尚服饰、浙江灯火网络三方共建，卓尚首次向众创空间注入公益创投基金 300 万元，免费向创客团队提供办公场所，同时在"尚+直购中心"专设创客产品用户体验区，并通过开放公司研发设计、供应链、营销渠道等资源来支持众创空间的发展。浙江灯火则作为孵化运营团队，为这个平台提供更多"创业基因"。"高校+企业+政府"大联合模式如上海交通大学"零号湾"，是由上海交通大学、闵行区政府以及上海地产集团三家共同创办，2017 年 11 月，三方又签署了第二轮的共同创办备忘录，将合作引向深入。

从建设思路上看，也有三种思路：第一种是从专业教育入手，然后向创业实践端延伸，如清华大学 i. Center，其前身是 1996 年创建的基础工业训练中心，而基础工业训练中心的前身是金属工艺学教研室。经过两次升级之后，i. Center 变身为全面的高校众创空间，集制造、创造及设计于一身。第二种是从创业培训入手，向创业生态系统延伸，如北京大学创业训练营，开始创建时只集中于创业培训，也只在北京大学校园内进行，之后众创空间逐渐推广到全北京市，再后来在全国十几个地方设立基地。北京大学创业训练营在苏州、扬州等地都已经建立了基地，给上海的高校众创空间造成了不小的压力。第三种是高校企业和政府多方联合，创业教育、创业实践、创业孵化等同步多点展开。上海交通大学的"零号湾"、浙江大学 e-WORKS 创业实验室便是这种模式。这三种模式各有优缺点，清华模式的特点是基础扎实，主要服务于本校大学生；北京大学模式的特点是推广迅速，快速占领全国，吸收优秀的创业者；上海交通大学、浙江大学模式的特点是起点高，和科技园区深度融合。目前三种模式的发展均呈现出较好的势头，但对不少高校众创空间来说，仍然存在发展困境。

第二节 高校众创空间发展存在的主要问题

一、定位不够清晰

在实际调研的过程中笔者发现，如何定位是高校众创空间建设的一大难题，这是由于不同高校对建设众创空间有不同的认识。一种观点认为，建设众创空间是国家的重要战略，同时，高校众创空间也是高校创业教育的突破口，而高校拥有大量的潜在高技术人才，理应对接国家战略，下大力气建设好众创空间。况且，吸引大学生创客参与创业实践，有利于破除高校创业教育的模式化、同质化与学生需求多元化之间的困境。持这种观点的高校往往会在学校层面成立高起点的众创空间，由专门的部门来负责管理和运营，初期运营效果比较好。另一种观点认为，大学生创业的失败率极高，因此在大学里建设众创空间是一种人力、财力的浪费。持这种观点的高校，其众创空间建设没有上升到学校层面，仅是由于响应国家号召而由学校某个部门，如团委、学生处或教务处等部门牵头成立并负责管理的。这些众创空间往往由于投入不足和管理不善而变成学生自习的场所或者咖啡小卖部，笔者在调研学生对这类众创空间的看法时，不少同学都提到"众创空间里的咖啡比外面便宜"。笔者认为，高校对众创空间的定位决定了所投入的资源多少，进一步决定了众创空间的发展效果。

在调研中笔者还发现，具有示范作用的高校都对众创空间有着非常清晰的定位：将众创空间建设融入到"双创"教育中，而将"双创"教育融合到人才培养中。笔者将示范性高校众创空间的经验和做法总结为在以下四个方面实现了高度融合，即创新创业教育和人才培养相融合，通识教育和专业教育相融合，"双创"教育和众创空间相融合，以及多学科之间的交叉融合。

例如，南京大学就提出了"5-4-3"创新创业教育和众创空间协同发展的思想，这也是南京大学双创教育的关键经验。"5"即课程、讲堂、训练、竞赛、成果孵化的"五位一体"创新创业教育体系，"4"即创新、创意、创造、创业"四创融合"的成果转化孵化平台，"3"即校校协同、校地协同、校企协同的"三个协同"体制机制。其指导思想是，通过将"五位一体"的创新创业教育体系建设融入人才培养方案，实现通识教育和专业教育融合；构建鼓励支持师生投入"双创"的政策制度、服务"双创"的在线教育平台、创业导师库等立体化的"双创"人才培养服务支撑体系，提高服务的及时性和精准程度，有利于创新创业人才脱颖而出。南京大学的目标是通过有特色的贯通本硕博的"5-4-3""双创"人才培养模式，加快培养具有一定规模、富有创新精神、勇于投身实践的创新创业领军人才。

清华大学也明确指出，要将创新创业教育进一步全面融入人才培养体系。在"双创"教育的课程设计上要求"学科交叉融合"，强调要发挥一流大学的优势，形成国际化、项目化、融合化的突出特色，建立多资源深度融合机制，形成从跨学科创新创业能力培养到项目孵化的全环节实训新模式，打造培育战略性原始创新和国际化创新创业领军人才的示范基地。

四川大学则指出，"双创"教育要围绕创新创业精神、意识、知识、能力、品质五个核心要素，大力推进人才培养方案改革，将创新创业教育作为基本要求，与专业教育有机融合。"双创"教育课程要发挥四川大学相关学科优势及多学科交叉融合发展的特点，实现"先进性、专业性、课程性、创意性"四位一体。

虽然各个高校众创空间的具体做法存在差异，但笔者在调研中有深刻的感触，即一些效率高质量好的高校众创空间在"四个融合"方面做得都相对较好，而一些落后的高校众创空间的主要问题也表现为这四个方面存在缺陷。因此，笔者认为，"四个融合"可以作为衡量高校众创空间效率的一套重要指标。

二、盈利模式问题

对于由企业创办的众创空间而言，目前主要的盈利方式包括租金收入、专业服务费用、投资回报收入以及其他收入。以创客空间、创业咖啡馆等形式运营的众创空间主要是依靠会员维持经营，这一部分的众创空间更偏向于兴趣性，而非营利性，它们仅仅为有相同兴趣探究点的人群提供一个线下交流、实验、聚集的空间。联合办公空间侧重于为有共同工作需求的团队或个人提供办公场所和相关设施，通过收取场地租金或会员费来获得盈利。对于集联合办公、创业辅导和融资支持为一体的全要素众创空间（有的场合也称新型孵化器）而言，其主要盈利方式分为两种：一种是为创业团队提供专业的辅导咨询服务，包括创业指导、资金融资、技术对接等服务，提升创业企业的成功概率；另一种则是通过创业团队的股权投资回报获得收益，一般天使投资方会根据创业团队的实力和所匹配的资源，占 3%～10% 的股权份额，若是企业后续能获得成功，甚至上市，则可以获得 6～100 倍的回报率。

高校众创空间还有一大难题是盈利模式问题或者说该不该盈利的问题。调研过程中笔者发现，这个问题其实取决于高校众创空间的创建模式。高校自主建立的众创空间往往将众创空间定位于公益性服务平台，而不是营利性组织。但对于高校和企业联合组建的众创空间来说，往往存在争议。第三方运营团队作为经营企业，必然要考虑众创空间的盈利模式。调研过程中，一位校企联合众创空间的管理者表示"我们清楚，众创空间是准公益性的微利行业，盈利不是主要目的，但企业考虑的是怎样才能利润最大化。企业对我的考核最终也是经济指标"。因此，盈利模式始终是联合组建的众创空间挥之不去的一大难题，也决定了合作能否持续下去。有的高校众创空间靠政府补贴或"办公场地租金+增值服务"来维持运营，也有的以"入股孵化"方式获取微股权，但由于大学生创业成功率比较低，入股孵化的比例较小，且持股比重很小，短期内难以收到高额回报。因此，个别高校众创空间在空间布局上显得过于简单。上海交通大学的"零号湾"在这方面做得比较成功，

2016年其成为国家首批"双创"示范基地重点建设项目，并获得国家工信部"2016最具活力孵化机构奖"等一系列荣誉。2017年11月，合作三方又签署了新一轮的投资和运营框架。这部分得益于"零号湾"在第一期的三年建设过程中取得了很好的效果。截至2020年10月，"零号湾"已累计孵化创业团队600余支，吸引入驻创业者5000余名。高起点、高投入，也许就预示着高回报。

三、创业生态系统如何集聚资源

作为一种创业生态系统，高校众创空间也应当是一个全要素的创新创业平台。众创空间并不是一个简单的物理概念，其核心价值在于提供全要素的孵化服务，包括市场化机制、专业化服务和资本化途径等。在调研中笔者发现，所有被调研的高校众创空间都有向大学生创客们提供的免费场地、活动沙龙；还有的高校众创空间，通过邀请著名的企业家和成功的创业者来举行讲座，或者和明星创业者进行合作，为在校大学生提供培训辅导、导师帮扶等；而高校众创空间对于涉及加工、经营管理、知识产权保护等方面的创业服务则比较少。

笔者在和一些众创空间的管理者进行交谈时还了解到，高校众创空间面临大学生创客们的创业项目层次相对较低难以获得政府引导基金的难题，更别说获得企业的风险投资基金了。因此，那些完全由高校自主创建和运营的众创空间资金压力相对较大，长期来看资金投入不足，这是导致其孵化功能并不完善、配套服务跟不上的重要原因，形成了恶性循环：投入不足—配套服务跟不上—创客层次低。走出这样恶性循环的重要方式之一是，在高校众创空间发展到一定程度时，引入政府或企业成为战略合作者并提供相应的资金支持，政府和企业也可以通过众创空间的发展而实现其目标，这样才能形成多赢的格局。

四、如何与高校的专业教育深度融合

众创空间的创业教育和高校传统的专业教育及创业教育有着很大的不同。

传统的专业教育和创业教育在于培养学生具备严谨扎实的理论基础，因此在课程设计和教学过程中注重循序渐进，经过长期不断完善，形成了比较成熟、全面的课程体系和评估系统，传统的高校创业教育系统也是如此。在这套课程体系和评估系统的指引下，各高校的创业教育课程设置大同小异，甚至严重趋同。在众创空间中，创业教育往往是由需求所致，当创客们对某个领域的知识有切实的需求时，众创空间的管理者才会寻找这方面的师资。但众创空间的创新创业者由于教育背景、能力结构、创新领域和创业经历等千差万别，所以对创新创业教育的要求几乎完全不同，因此各高校众创空间中的创业教育课程也不尽相同。笔者发现，不少高校众创空间中的创业教育课程都采取慕课或微课程的形式提供一整套课程菜单，供不同需求的创新创业者自由选择。

不过一些具有示范作用的高校正通过不断改革来改进高校传统的创业教育模式。例如，两种模式的差异也导致在具体管理制度上存在一些冲突，传统的高校创业教育往往需要修完一定的学分，但众创空间的慕课或微课程由于课程较短且不便考勤，因而难以符合学分的要求。不少高校的做法是，将修完一定学分作为强制要求，而将众创空间中的课程列为选修课程。笔者认为，有必要主动调整传统的创业教育课程体系和教育方法及评估系统，使其主动对接众创空间中的创业教育课程，减少一些不必要的形式化制度或课程，节约创客们的时间，提高他们的兴趣。四川大学"双创"基地的经验是对传统教室进行改造，强化互动式智慧教学，促进师生互动交流，提供条件保障；同时推进"探究式—小班化"教学改革，培养学生创新思维、独立思考能力、质疑批判精神。截至 2020 年 6 月，研讨教室改造比例超过 90%、互动式小班化教室占比超过 70%，深度配合实施"探究式—小班化"教学。这些措施都有力地提高了高校众创空间创业教育的效率。南京大学则在强调创业课程学科交叉型的同时，通过每年以论坛、讲座、沙龙和工作坊等多样的形式组织各类活动来弥补传统课堂创业教育模式的不足。论坛、讲座、沙龙和工作坊等形式让成功的创业者和大学生面对面，对于激荡学生创新创业思维、启发引导学生探索创业之路起到了很好的效果。

第三节 "双创"基础课程教学效果改进：从"对分课堂"到"三分课堂"

一、创业教育与创业意愿

高校创业教育课程是没有创业经验的大学生来了解创新和创业过程的重要步骤。然而，关于高校创业教育对大学生创业意愿的影响，已有的研究结果并不一致。一部分研究认为，创业教育对于创业意愿有明显的促进作用，而另一部分研究则认为，创业教育对学生创业意愿的作用并不显著，甚至是消极的。还有学者认为，两者之间存在着正相关关系，但相关度非常低（Martin，McNally & Kay，2013），两者的加权相关度仅为 0.137。因而，创业教育对创业意愿的作用在不同的制度条件下可能存在较大差异。

根据大多数文献的研究结果，认为创业教育与创业意向正相关的文献主要有两种理论观点，即人力资本理论（Becker，1975）和创业自我效能（Chen，Greene & Crick，1998）。Martin 等（2013）发现创业教育与人力资本结果之间存在统计学上的显著关系，如创业相关知识和技能、对创业的积极认知和意向，而人力资本的提高会有利于创业意向的增强。创业自我效能是指一个人相信自己有能力成功地完成创业的各种角色和任务（Chen et al.，1998；McGee et al.，2009）。创业教育之所以能够提升创业自我效能，是因为当学生报名参加创业教育时，他们会接触到成功的商业规划或主动与成功的实践者互动（Honig，2004）。这些教学要素有利于应对策略，有助于保持动机和兴趣，从而对成功产生更大的期望（Stumpf，Brief & Hartman，1987）。

不同类型的课程也会影响大学生创业意愿。有观点认为，商学教育课程

（如管理学原理、创业基础、风险投资学）通常提供的是商业管理的通用知识，给学生提供在成熟的公司工作的技巧，虽然这类课程没有创业教育对创业意愿的影响强烈，但可以通过提升创业风险偏好而强化创业意愿。

创业教育课程的教学形式也会影响大学生的创业意愿。一种形式是学期式教学，即一门课上一学期（两个学分，32 学时），另一种形式是创业大讲堂和创业沙龙。前者往往是业界具有丰富经验的创业导师讲解其创业过程中遇到的各种困难及相应的解决方案，后者则是针对具体某项创业活动邀请创业导师进行小规模的交流，具有更强的针对性。两种形式各有利弊，以学期形式而非工作坊形式参加创业教育的学生，在课间会有更多的时间来理解和记忆材料，因此往往有更好的效果（Bloom & Shuell；Cepeda, Pashler, Vul, Wixted & Rohrer，2006）。而工作坊形式的课程则给学生提供了大量的实践经验，降低在创业过程中重蹈覆辙的风险。

其他可能影响大学生创业意愿的因素还包括：学习前创业意向、创业者的性别、家庭背景、风险承受能力以及国家政策等。学习前创业意向是指学生报名参加创业课程之前的创业意向，这可能会导致一些经验研究的结论产生偏差。经验研究一般假设学生是随机选择的，实际情况可能是，一个希望创业的学生更可能会特意报名参加创业课程，这被称为"自我选择偏差"。因此，参加创业教育课程之后"创业意向高"很可能不是创业教育的结果，而是因为同学本来就喜欢创业。Von Graevenitz、Harhoff 和 Weber（2010）等证明了事前信念与事后意向之间存在着强烈的正相关关系，这意味着学生的创业意向可能不是由创业教育决定的，而是由入学前的信念决定的。如果大学生处于创业型家庭背景（如家族企业）之中，父母可以通过发挥榜样作用为子女提供创业经验、融资知识来影响子女的创业意愿。

在"双创"教育课程"创业基础"的教学实践中，笔者发现"对分课堂"的教学模式对于"将创新创业作为第二专业选修课程而且又是大班环境教学"来说效果不太理想，有必要对"对分课堂"教学模式进行改进。具体方法是，笔者压缩了课堂讨论的时间，同时增加了提问和总结的环节，将"对分课堂"调整为"三分课堂"，即"案例讨论+课堂讲授+提问与总结"。对实施"三分课堂"前后两次调查的结果，笔者发现教学评价的八个方面在实施"三分课堂"后都有显著的提高。

二、"对分课堂"的提出

"对分课堂"的教学方式最早由复旦大学心理系张学新教授 2014 年提出，一经提出便在教育界引起了巨大的反响，很多大学教师将"对分课堂"理论引入到自己的教学之中。杨淑萍、王德伟、张丽杰（2015）进一步阐述了"对分课堂"不同环节中教师和学生的角色变化，教师在讲授、内化吸收和讨论环节分别充当"讲授者""评价者"和"引导者"的角色，而学生角色分别为知识的"接受者""发现者"和"交流者"。苏镠镠（2016）认为，对分课堂是泛在学习模式的一种实施模式，也是大学生思想政治教育的有效方法。赵梦媛（2018）从学习动机以及认知负荷理论出发，认为"对分课堂"有助于提高学生的学习动力，更合理地管理学生的认知负荷。袁涛（2019）考虑到大学理工科专业课程特点，将"对分课堂"教学方式应用到大学理工科教学之中，他发现，对分课堂能够有效调动学生的学习积极性，能更好地培养理工科学生的创新思维能力和探索精神。

对分课堂的教学模式把讲授和讨论结合在一起，把课堂和网络在线学习结合在一起，适应了新时代的教学发展，迎合了培养学生创新能力和批判性思维的目标。张学新（2014）认为，"对分课堂的核心理念是把一半课堂时间分配给教师进行讲授，另一半分配给学生以讨论的形式进行交互式学习"。在实践上，对分课堂的基本做法是，除第一次课是由教师全部讲授之外，从第二次课开始都是前一半时间组织学生讨论上周讲授内容，后一半时间由教师讲授下一章节内容，即"一半讨论、一半讲授"。根据张学新的观点，虽然课堂教学时间被分成两个模块，但学生学习知识的过程实际上被分为三个阶段，即讲授（Presentation）、内化吸收（Assimilation）和讨论（Discussion），因此对分课堂也可简称为 PAD 课堂。张学新（2017）分析了对分课堂教学模式能够成功的原因，指出对分课堂基于心理学原理构建，不仅贴合教师与学生的心理需求和特征，也符合教育与学习的心理规律，有可能为后工业化时代带来一个崭新的教育范式。张学新（2019）进一步指出，对分课堂是传统课堂与自主课堂的折中融合，其核心就是对迁移能力的培养，这符合脑科学的基本规律，因此能够让学生爱上学习，真正成为学习的主体。

三、"对分课堂理论"对于第二专业经济学课程的适应性

众创空间的创业教育和高校传统的专业教育及创业教育有着很大的不同。传统的专业教育和创业教育在于培养学生具备严谨扎实的理论基础，因此在课程设计和教学过程中注重循序渐进，经过不断完善形成了比较成熟全面的课程体系和评估系统，在这套课程体系和评估系统的指引下，各高校的课程设置大同小异，甚至严重趋同。在众创空间中，由于"双创"可能发生在各个领域，学生对于"双创"教育课程的需求也各不相同，因此，要提高"双创"基础课程的教学效果并非易事。

笔者在"双创"教育课程"创业基础"的教学中引入了"对分课堂"教学模式。从实施的效果来看，对分课堂的教学方式确实有助于提高学生的学习积极性，但也发现了一些"水土不服"的问题。首先，对分课堂理论不太适合大班教学。对分课堂理论的重要特色是将前一半的课堂时间用于分组讨论，而分组讨论需要教师深度参与，如果学生人数较多，教师就无法深度参与，从而讨论的效果就会大打折扣。其次，不太适合跨专业选修课程教学，进入到众创空间、有志于创业的同学来自各个院系的不同专业，由于教育背景、能力结构、创新领域和创业经历等千差万别，所以对创新创业教育的要求几乎完全不同，深度讨论往往难以展开。最后，难以适应"双创"教育课程教学。学生对"双创"教育课程的重视程度远远不如第一专业，他们在课后就不会花时间在"双创"基础课程上，因此对分课堂理论中的"内化吸收"阶段几乎成为空白，这将直接影响课堂讨论的效果。当上述几个问题同

时存在时，对分课堂的效果更是大打折扣。

为了研究课堂理论的教学效果，笔者在采用对分课堂模式进行教学之前，对 50 名同学进行了问卷调研（见图 6-1）。为了进行比较，笔者设计的问卷调查表包含八大类共 25 道题，每个选项的分值分别 4 分、3 分、2 分、1 分、0 分，50 名同学的总分为 200 分。

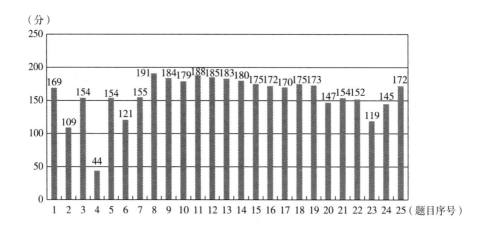

图 6-1　对 50 位同学的调查情况

其中，第 4 题的内容是问学生除了课堂之外每周会花多少时间在这门课上，50 位同学的总分才 44 分，说明基本上所有的同学在课堂之外都不会花时间在这门课上。然而第 1 题较高的总分又表明同学们对这门课程很感兴趣。从第 2 题（我最喜欢的授课方式）的调查结果来看，大部分同学都喜欢安静听讲而不是课堂讨论，这印证了前面的分析，即由于学科背景差异较大，尽管他们对课程很感兴趣，但是无法将课堂讨论深入展开。第 6 题（我对准备的发言有信心，对于知道的内容，我愿意发言）分数不太高，说明大部分同学不太喜欢课堂发言。第 23 题（每次课后我能复述老师讲述的内容要点情况）反映了其实在课堂上的专注力还不够，没有很好地消化课堂内容。总体来说，实施对分课堂模式前的课堂教学效果如图 6-2 所示。

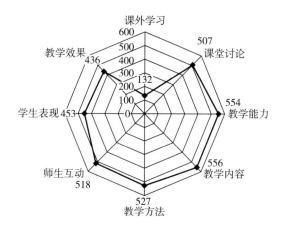

图 6-2 课堂教学效果调查（实施前）

四、"三分课堂"及其效果

针对上述存在的问题，笔者对分课堂理论进行了一些修正，目标是让学生在最短的时间内尽可能掌握课程内容并应用于分析问题。笔者将上述目标进行了分解：学生课外花在本课程上的时间尽量控制在一小时以内，这就需要进一步提高课堂讨论和教学的效果。为此笔者将"对分课堂"修正为"三分课堂"，把全程两个半小时的课程分解成"案例讨论+课堂讲授+提问与总结"（Case Discussion+Presentation+Questions and Summaries）三部分，课堂讨论的时间控制在半小时以内，下课之前单独留出 20 分钟的时间要求学生集体向老师提问。与对分课堂理论不同，课前讨论的主要议题不是上一次讲课的内容，而是这节课要讲的内容。这样做是考虑到一方面学生不需要在课下花很多的时间进行小组模拟讨论，另一方面也更能培养学生思考问题的直觉，而且这些思考立即就可以和接下来的课堂讲授进行对比，这种对比会使课堂讲授的效果大为提升。三课堂的第二个环节"课堂讲授"的时间大为压缩，这对本来就已经大为压缩的课堂讲授时间（第一专业两学期的课程压缩为第二专业一学期上完）来说提出了更大的挑战，需要课堂展示部分非常精练和浓缩。第三个环节"集体提问"部分进一步将课程教学引向深入，要求学生进行头脑风暴，针对分组讨论环节和课堂讲授环节有更加深入且具思辨性的问题。经济学教学的特殊性之一在于，国内外经济形势和经济实践每时每刻都在发生变化，因此教材中的经典理论必须不断修正以适应这种变化，这也使不同的分析思路差异较大，适用于一个国家和地区的分析思路可能对另一国家和地区不适用。为了鼓励学生提问的积极性，笔者采取的做法是记录下课堂提问的同学姓名并计入平时成绩。

为了分析"三分课堂"模式的效果，笔者在课程结束时再次对两个班级的近 120 名同学进行了问卷调查，分析结果如图 6-3 所示。

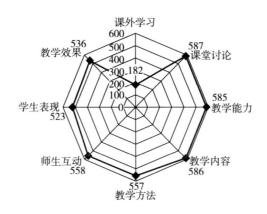

图 6-3　课堂教学效果问卷调查（实施 3 周后）

课堂实践表明，课堂讨论环节确实增强了学生对课程的兴趣，提高了学生的参与度，也活跃了课堂气氛。尤其是在课堂提问环节，可能会发现一些值得思考的新问题，因此可能使学生在下一阶段课程讲授中的注意力更加集中。同时，笔者从"三分课堂"的教学实践中也发现，对第二专业的学生来说课堂讨论环节的效果还有提升的空间。其主要原因在于，学生在课下并没有花时间去阅读相关材料，因此在课堂讨论环节所提的问题比较初级，缺乏深度。例如在讨论如何处理公司与政府之间的关系时所选用的案例"发改委对高通公司的反垄断处罚"中，不少同学关心的问题是如"罚款为什么这么高""高通公司最终是否交了罚款"等，这些问题仅仅体现了学生对该反垄断事件的好奇，而缺乏对反垄断问题的深入思考。在关于"996工作制的是与非"的课堂讨论中，不少同学关心的问题是"公司对于额外的工作时间有没有提供补偿""可不可以自愿选择"等。在其他的课堂案例讨论中也出现了类似的问题，这可能与学生所掌握的经济学原理知识还太少有关。

对于这一普遍现象，笔者的做法主要有以下几点：首先，在课前的QQ群中发布相关的案例背景材料，虽然不是所有的同学都会有时间去阅读背景材料，但也有可能有一部分同学会花时间去了解，如果有1/3～1/4的同学了解了相关的案例背景，那么就会有相当数量的同学能够在课堂上提出较有深度的观点，从而课堂讨论质量能有很大的提高。其次，教师要对案例仔细挑选，并对课堂讨论精心设计，以便于学生们任何浅显的问题都能够在讨论中迅速将学生带入更有深度的思考，并引出课堂讲授的核心内容。例如在"发改委对高通公司反垄断处罚"的案例中，可以在同学提出"罚款为什么这么高"的时候顺着他们的问题回答"因为高通公司赚得更多"，并同时引出更进一步的问题"高通的利润为什么那么高，是因为垄断吗"，再进一步问到"新创公司如何突破大企业的垄断""如何从现有产业链中找到突破口"。这就一步一步地将学生们从发散性问题引向深度思考，使第二阶段的课堂讲授和第一阶段的课堂讨论实现了无缝衔接。在关于"996工作制的是与非"的课堂讨论中，当学生提出"公司对于996要不要提供补偿"时，教师就可以进一步问到"企业如何提高员工的积极性和忠诚度"再进一步把学生的思维引入到"新创企业如何制定薪酬制度"这一层面。既回答了实践中实行"996"是否合理的争论，也引出了"制定薪酬制度、提高员工忠诚度"这一理论话题，也实现了第二阶段的课堂讲授和第一阶段的课堂讨论无缝衔接。在后来的课堂讲授中笔者发现，学生们很容易就理解了"新创企业如何在产业链中精准定位"并且认识到"从生态圈的视角处理好与政府和大企业的关系非常重要"。因此当笔者在第三环节"提问和总结"时问道"政府应该如何作为"时，学生们回答就显得非常自然、水到渠成了："尽力促成完全竞争的劳动力市场""使得工人同企业就谈判力量对等""不要过多干预企业的决策""为工人提供免费技能培训"。经过这样的设计，整个课堂效果非常好。

第三环节"提问和总结"是前两个环节很好的补充，既起到了画龙点睛的作用，增强了学生对知识的理解，强化了他们的记忆，又能引发更广泛、更深入的思考，增加学生对经济学的兴趣。这时教师如果能够因势利导，给学生提供更多的学习参考资料，整个教学效果就非常完美。在教学实践中我们经常碰到这样的现象，在"提问和总结"环节学生所提的问题这是下一章或以后的章节所要讲的内容。笔者的做法是，根据"提问和总结"的逻辑思路顺序决定下一次课的内容，而不是完全遵照教材规定的教学进度和章节顺序。实践表明这种做法的教学效果会更好，但对教师提出了更高的要求，教师要能够对整个学期的教学内容随时进行重新组合，也要能对"提问和总结"环节进行合理引导，确保提出的问题与课程教学高度相关。

五、结论

"对分课堂"教学模式产生良好的教学效果根本原因在于遵循了脑科学和心理科学的基本规律，能够最大程度地调动学生主动学习的积极性。但在实际的教学实践中，由于各学科之间和教学班级之间存在较大的差异性，"对分课堂"教学模式也可能效果不佳。在这种情况下，教师应根据具体的情形进行适当的调整，才能最大程度地发挥"对分课堂"的潜在效果。对于第二专业课程教学情形来说，由于学生第一专业课业负担已经很重，而且双创教育课程通常被认为是"辅修"而难以引起足够重视，因此很难要求学生在课外花费足够的时间进行"内化吸收"，这导致"课堂讨论"环节难以深入。对于大班级授课的情形来说，课堂分组讨论的效果也并不理想。如果

"双创课程"再叠加"大班授课"，"对分课堂"的效果会大打折扣，根据笔者的经验和对照分析，"三分课堂"（即案例讨论+课堂讲授+提问总结）的模式在这两种情形下比"对分课堂"模式效果更好。"三分课堂"教学模式的不足主要表现为：虽然案例讨论环节引起了学生足够的兴趣，但由于学生缺乏相关的背景知识，学生围绕案例所提的问题往往都比较简单甚至肤浅，对于这种情形，笔者将在未来的教学研究中探索更多的改进方法。

第七章 基于生态圈理论的高校众创空间

作为一种创业生态系统，高校众创空间也应当是一个全要素创业创新平台。众创空间并不是一个简单的物理概念，其核心价值在于提供全要素的孵化服务，包括市场化机制、专业化服务和资本化途径等都应当具备。在调研中笔者发现，所有被调研的高校众创空间都有向大学生创客们提供的免费场地、活动沙龙；还有的高校众创空间邀请著名的企业家和成功的创业者来举行讲座，或者和明星创业者进行合作，为在校大学生提供培训辅导、导师帮扶等；提供涉及加工、经营管理、知识产权保护等方面创业服务的高校众创空间则比较少。

总之，如果高校能够为企业主导模式提供更加便利、有利于创新的制度体系，或者高校能够在高校主导模式下给予管理者充分的授权（激励），那么无论是高校主导模式还是企业主导模式实际上都可能取得良好的效果。如何提升高校众创空间的运作效率，将高校的人才优势和资源优势利用起来对提升未来中国自主创新能力至关重要。下文主要以上海交通大学众创空间为例，从生态圈的视角来探索高校众创空间的发展思路。

第一节 高校众创空间的双创生态圈内涵

从本质上来看，众创空间的生命力在于对创新资源的一种重新组合，包括市场资源、伙伴资源、流量资源、平台资源、资金资源、导师资源等，这些资源互相影响，互相联系，形成了一个完整的生态圈。如前面章节提到的，以腾讯众创空间为例，在这些资源之上构建六大体系，即创服体系、创孵体系、创星体系、创联体系、创投体系以及创培体系。腾讯开放平台依托这些"双创"服务体系，为创业者提供立体化全要素线上及线下孵化空间，再借助腾讯及合作伙伴的互联网资源优势，充分和国际接轨，为培养、孵化创业者营造了良好的创业氛围。通过六大服务体系，充分利用企业内外部六大资源，极大地提高了"双创"的效率，然后通过入股和资金注入的方式分享"双创"成功带来的收益，这种模式既可以增加自身的利润，又能在全社会培育"双创"的氛围，为企业未来提供持续的创新能力和源源不断的利润增长点。

从创新主体上来认识重点构建生态圈的组织结构也许更加形象。如图7-1所示，从创新主体来看，高校众创空间的主体包括大学生、创业导师、风险投

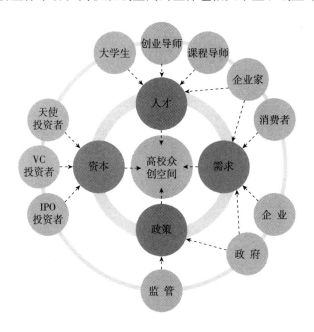

图7-1 众创空间生态圈的主体及要素

资者等，具体可以细分为大学生、课程导师、创业导师、天使投资者、风险投资者、IPO 投资者、政策制定者、监管者以及消费者等。从要素的视角来看，这么多的创新创业主题，实际上形成了四大要素，即人才、资本、需求及政策。"双创"的产出正是以人才、资本、需求、政策等为自变量的一种生产函数，创新能力的提高既取决于自变量本身的数值大小，更取决于自变量的组合方式，即众创空间的组织模式和运行机制。

从生态圈的角度看，人才、资本、需求和政策既是生态圈的要素，也是生态圈的能量传递系统。可以用函数"创新创业成果 $=f$（人才、资本、需求、政策）"来表示高校众创空间的投入产出关系。大学生、投资者等创业主体提供的要素经过函数关系的作用之后最终诞生了无数个新创企业。

第二节　高校众创空间生态圈和圈外市场经济的连接[①]

众创空间生态圈本质上也是一个微型的经济体，需要从更大的外部环境进行能量交换，因此从效率上讲，如果生态圈内部和外部的资源配置机制接近，那么能量交换更加迅速便捷。最理想的情形是，众创空间生态圈内外部的资源配置机制完全相同，都是由市场机制发挥基础性资源配置功能的经济，这样的生态圈生命力最强，因为生态圈内部和外部的能量交换完全没有障碍。从这个意义上讲，应该以市场机制来构建众创空间生态圈内部的资源配置规则，以不断深化的对社会市场经济体制的新认识构建正常空间生态圈内部的市场规则。

[①]　本节由课题组成员李双金撰写，发表于《上海经济研究》2020 年第 2 期，发表时部分内容有改动，原题是"加快建设统一开放、竞争有序的现代化市场体系"。

市场体系则是市场机制发挥作用的必要条件。随着理论层面上对市场体系认识的不断深化与丰富，实践层面上市场体系建设也在不断拓展与推进。党的十九届四中全会提出，坚持和完善社会主义基本经济制度，加快完善社会主义市场经济体制，必须"建设高标准市场体系"。这种"高标准市场体系"本质上就是现代化经济体系所要求的统一开放、竞争有序的市场体系，即现代化市场体系。

一、对现代化市场体系的新认识

2018 年 1 月，习近平在中央政治局关于现代化经济体系建设的第三次集体学习中指出："要建设统一开放、竞争有序的市场体系，实现市场准入畅通、市场开放有序、市场竞争充分、市场秩序规范，加快形成企业自主经营公平竞争、消费者自由选择自主消费、商品和要素自由流动平等交换的现代市场体系。"统一开放、竞争有序的市场体系对于形成良好的创新创业环境来说至关重要。

现代化市场体系包含要素市场以及由要素市场衍生而来的各类市场的有机统一体，而众创空间则是人才、资本等要素的聚集地。所谓要素市场，顾名思义是指由各类要素包括土地、资金、劳动力等传统要素，以及知识、技术、管理、数据等新型要素的交换与流动而形成的市场。要素市场的重要内容是形成市场化的要素价格，优化要素的市场配置，最终实现各类要素的价值。从价格发现、价值实现的角度看，建设现代化市场体系的根本目标，就是通过形成市场化的要素价格，实现各类要素的价值，进而实现商品（商品是各类要素相结合的产物）的价值、企业的价值（企业是各类要素签约的平台，是商品生产的载体）以及消费者的福利。因此，现代化市场体系是保障要素价值、产品价值、企业价值乃至消费者福利实现的根本前提。由此可见，自主、自由、公平是建设现代化市场体系应秉持的核心理念。"自主"意味着企业自主经营、消费者自主消费；"自由"意味着消费者自由选择、商品和要素自由活动；"公平"意味着企业公平竞争、商品和要素平等交换。市场竞争充分意味着在区域层面上消除地方保护主义，在产业层面上打破行政性垄断。市场秩序规范意味着不同主体间的竞争与合作关系以法治为框架，健康有序。

企业、消费者和政府是现代化市场体系建设的重要主体。其中，企业是核心主体，建设现代化市场体系必须围绕提升企业主体地位展开。企业核心主体地位不断提升，本质上就意味着资源配置市场化机制不断增强。消费者对市场体系的建设起重要的监督和引导功能。政府则是保障市场环境不断优化、进而市场体系建设不断深入的重要力量。

二、着力提升众创空间生态圈中新创企业的主体地位

人力资本是市场经济中最具能动性的要素。随着人力资本要素价值的不断提升，未来现代化市场体系的价值实现功能将越来越多地依赖于人力资本要素尤其是企业家人力资本要素。企业家人力资本的价值实现必须通过企业家创建和运营企业的活动。企业家人力资本的高效配置及其功能的发挥将是整个要素市场得以有效运行的基础。由此看来，作为企业家人力资本价值实现，进而其他各类要素价格发现、价值实现的平台，企业必须也必然是市场的核心主体。着力提升企业的市场主体地位也因此是加快建设现代化市场体系的重要抓手。

让企业成为各类要素价值实现的平台主体地位的提升，意味着企业在市场中的价格发现、价值实现功能的增强，意味着要素和商品的价格形成更加市场化。而这正是现代化市场体系建设的根本目标。因此，着力提升企业的主体地位，必须让企业真正成为各类要素价值实现的平台。包括企业家、劳动力、资金、技术、土地以及知识、管理、数据等在内的各类市场要素，都必须通过企业的市场运营才能最终实现其价值。随着知识、技术、管理、数据等新型要素（衍生要素）对经济增长的贡献不断提升，市场对企业的运营提出了更高的要求。企业对高标准市场体系的需求也更加迫切。以新型要素市场的建设为抓手，通过增量的要素市场建设促进存量的传统要素市场建设，

有助于建设高标准的市场体系。

让企业成为消费者福利提升的主要载体，消费者福利的实现和提升最终依赖于企业提供更优质的商品和服务，依赖于消费者的自主消费和自由选择。企业主体地位的提升，意味着企业决定消费者福利水平的能力不断增强，意味着消费者福利主要由各类市场因素而不是其他非市场因素决定。这也是现代化市场体系建设的重要目标。因此，着力提升企业的市场主体地位，必须让企业成为消费者福利提升的主要载体。

三、以市场机制构建众创空间生态圈的实践路径：处理好三大关系

新创企业是众创空间生态圈的核心主体。加快建设现代化市场体系必须着力于提升企业的核心主体地位。如前文所述，除企业外，消费者和政府也是现代化市场体系建设的重要主体。因此，从企业作为现代化市场体系建设核心主体的角度出发，建设众创空间生态圈必须处理好围绕企业的三大关系，即高校与新创企业、企业与企业、消费者与企业的关系。

处理好政府与市场的关系也是我国经济体制改革的核心内容，是建设现代化市场体系的关键所在。反映到众创空间生态圈上就是处理好高校与新创企业之间的关系，这是其他主体间良性关系构建的基础。可以借鉴自贸区"以负面清单管理市场，以正面清单约束政府"的思路，来管理众创空间生态圈。一方面充分调动市场活力，另一方面有效控制高校对新创企业的干预，使市场机制更加有效、微观主体更有活力。

处理好企业与企业的关系。企业是市场体系的核心主体，企业与企业之间的关系是最基础的市场关系。企业与企业之间各类交易形成的网络，本质上就表现为各种形式的市场。在众创空间生态圈中促进不同组织形态、不同商业模式的企业相互竞争，共同构成了丰富、多元的市场。以竞争政策为基础来协调相关政策，形成企业之间既公平竞争、又高效合作的格局。

企业、消费者和政府是现代化市场体系建设的重要主体，也是法治化的多层次制度体系构建的重要主体，体现在众创空间上是处理好高校、新创企

业和消费者之间的关系。加快建设现代化市场体系需要更加关注不同主体的制度需求，提升不同主体的制度供给能力，体现在众创空间上是激励创新创业者的积极性。制度体系的有效性取决于相关制度之间耦合或者相容的程度。为此，必须在着力提升企业主体地位、处理好三大关系的过程中，不断调整相关制度安排，提升其激励相容度，使制度之间的协同效应更加显著。总之，可以将现代化市场体系的基本规律作为建设高校众创空间生态圈的指导原则。

四、众创空间联盟是促进区域一体化的重要手段

城市群和都市圈是产业集聚和经济发展的重要方式之一。我国目前主要有长三角、珠三角、京津冀以及成渝经济圈四大城市群，城市群发展本身也存在一些深层次问题，不同地区之间的行政壁垒、过度竞争、产业同构和环境污染是当前各城市群深度一体化的重要阻力。而构建众创空间联盟是促进区域一体化的重要手段，众创空间联盟可以促进"双创"协同和技术创新，从而有效缓解产业同构和过度竞争。以长三角一体化为例，自 2019 年 12 月 1 日国务院印发了《长江三角洲区域一体化发展规划纲要》以来，长三角已经建立了"长三角研究型大学联盟""长三角医学教育联盟"，研制了"长三角教育现代化指标体系"，但这些只是长三角教育一体化的初步措施，"十四五"期间有必要打破行政区域建立长三角高校众创空间联盟，并在此基础上进一步共建一个跨行政区的区域创新体系并建立公共研发平台，让研发人员和企业在平台上公平竞争，由企业自主决定产业布局，这将大大助力长三角深度一体化战略的顺利完成。

第三节 上海交通大学"零号湾"国际创业社区

一、成立背景

2015 年 3 月，国务院办公厅发布《关于发展众创空间推进大众创新创业的指导意见》，明确提出要加快构建众创空间，建成一批低成本、便利化、全要素、开放式众创空间。为贯彻实施此文件精神，上海交通大学和上海市政府迅速行动。2015 年 4 月，由上海交通大学、闵行区人民政府和上海地产（集团）有限公司共同发起成立了"上海零号湾创业投资有限公司"（以下简称"零号湾"），共建"零号湾"合作备忘录签约仪式于 2015 年 4 月 11 日在上海交通大学闵行校区隆重举行。

"零号湾"选址于上海市闵行沧源科技园，紧邻上海交通大学和上海紫竹高新区。"零号"的含义是"从零起步"，意思是这里的小微创业公司可用低租金成本甚至零租金成本；"湾"表示地处黄浦江第一湾的意思，南有紫竹国家高新技术产业开发区，东有华东师范大学新校区，在上海交通大学闵行主校区西北面。根据规划，"零号湾"以"改善创业环境，促进大众创业；优化创新环境，促进万众创新"为宗旨，充分发挥智力、科技、人才、信息和平台、资源、资本的集聚优势，培育和孵化科技型创业企业；通过搭建完整的创业服务平台、培育成长生态体系，吸引和凝聚国内外高校在校师生、校友以及社会各界人士落户创业；通过多方合作，以全球视野搭建一流创业孵化和科技成果转化平台，助力上海建设成为具有全球影响力的科技创新中心。

"零号湾"由核心区域和拓展区域构成。核心区域在与上海交大闵行校区仅一墙之隔的上海沧源科技园中，主体部分是三栋写字楼，分别负责创新创业产业的生态配套服务、创业苗圃和专业孵化。小到 ATM 机、餐厅、会议室，大到政府行政审批网点、为创业者提供交流服务的创业咖啡和沙龙，这三栋楼已经可以满足创业者的几乎所有生活和工作需求。"零号湾"的拓展区域位于核心区域西面的剑川路的西侧，这里预计将建设成为一个综合性的、与创新创业产业相关的商务区。

二、合作模式

"零号湾"由上海交通大学、闵行区人民政府和上海地产（集团）有限公司共同发起成立，三方各自发挥了自己的优势。上海交通大学发挥创业领域引领作用，吸引国内外高校毕业生创业团队，筹建"创投导师库"与"创业导师团"，推动创新创业体系的建设与完善，凝聚优质创业基金、创业培育机构入驻园区。闵行区政府则主要为入驻企业提供相应的政策扶持，完善周边配套设施建设，系统规划创业集聚区周围园区用地属性。为此，闵行区政府专门为"零号湾"提供500万元人民币的创业苗圃基金。上海地产集团则发挥地产建设及企业运营优势，出资共建运营平台，牵头硬件及配套设施建设，协同进行用地规划与改建，投资相关创业项目。

在管理架构上，专门成立战略咨询委员会，由上海交通大学分管副书记、上海市闵行区分管副区长共同担任主任的"零号湾"战略咨询委员会，为"零号湾"的发展提供全方位的智囊支撑。

三、特色及优势

"零号湾"特色鲜明，优势明显，具体可以用图7-2概括。

图7-2 "零号湾"双创生态系统

极低成本、极速入驻："零号湾"商务成本低，入驻项目有机会享受

"零成本"创业。且入驻流程简单便捷，首先点击官网"我要入驻"，填写入驻信息；然后社区经理会对项目进行线上初审；通过后需准备十分钟左右的演讲报告参加入驻评审，评审通过后即可入驻。

经验丰富的导师团队：上海交通大学创业学院牵头组建创投导师库和创业导师团，凝聚大量优秀的创投导师和创业导师，为入驻园区者提供个性化诊断和指导。刚成立时就凝聚了超过 100 位创投导师和超过 200 位创业导师。

全生命周期支持：借助上海交通大学、闵行区政府、上海地产集团的优势资源共建的创业生态体系，可以做到快速响应，与大量专业孵化机构协作，为创业企业提供全生命周期的培育与支持。

基础资源完善：与交大创新能力和创新人力资源无边界融合；有闵行区工业产业基础；未来还有周边人才公寓、生活设施、商业设施配套。

创投资金丰富：集聚区内的项目都将纳入上海市大学生科技创业基金支持序列，并对接以伯黎创投基金、觉群基金等为代表的投融资机构。

高规格战略委员会：由上海交通大学分管副书记、上海市闵行区分管副区长担任双主任的"零号湾"战略咨询委员会，将为"零号湾"的发展提供全方位的智囊支撑。

四、发展状况及主要经验

2017 年 11 月 15 日，上海交通大学、闵行区人民政府、上海地产（集团）有限公司共同签署深化"零号湾—全球创新创业集聚区"合作共建备忘录。三方将围绕上海加快建设具有全球影响力的科技创新中心这一战略目标，在"零号湾"前期建设基础上，通过新一轮合作共建备忘录的签署，进一步汇聚三方在智力、科技、人才、信息以及平台、资源、资本等方面的优势，合作共赢，进一步推动大众创业、万众创新。

2015 年 4 月至 2017 年 10 月，"零号湾"已累计孵化创业团队 400 余支，吸引入驻创业者 3000 余名，2016 年成为国家首批"双创"示范基地重点建设项目，并获得国家工信部"2016 最具活力孵化机构奖"等一系列荣誉。

"零号湾"通过建立稳定动态调整机制，建设配套的创业加速器和接力园等措施，逐步形成了具有影响力的创业园区，并形成可复制、可推广的模式。

根据"零号湾"合作备忘录，零号湾的目标是打造的是"孵化器5.0"，为此，在服务、人才、资本方面进行了专门的设计。"零号湾"的服务既包含各项与创新创业产业相关的公共服务，也包括创业导师的指导。关于人才，"零号湾"附近高校荟萃、人才济济，同时这里生活成本廉价，能够为创新创业人才提供良好的生活环境。关于资本，"零号湾"成立了创业引导基金，通过和不同机构合作成立各种专业的子基金，从而对在"零号湾"的项目进行初级阶段的风险投资。

五、不足之处

"零号湾"取得了很好的效果，也产生了广泛的影响力，但也有不足之处。例如，只有那些有一定创业基础的创业者才能获得帮助，也就是说"零号湾"只服务于创业者，而不是意向创业者。2016年，项目组曾对上海交通大学闵行校区学生进行随机抽样调查，发现只有较少的同学知道"零号湾"的存在，这并没有很好地实现高校建立众创空间的初衷。笔者曾经在和上海交通大学创业学院领导交流时提出了这方面的观点，即"零号湾"没能为那些没有创业意愿的师生提供创业方面的信息，但那些当下没有创业意愿的师生，也可能是潜在的未来创业者。为此，项目组建议学校应该先教会全体师生"骑马"，并对那些爱骑马的人（有意创业者）"扶上马、送一程"。也许正是基于此，上海交通大学又在校园内部专门成立了"上海交通大学全球创业创新实验室"，为那些只有创业意向，甚至还没有创业意向的同学提供创业知识的学习途径，成为高校创业教育的延伸区。

为了便于开展创业教育，上海交通大学全球创新创业实验室设在校园内部，位于上海交通大学闵行校区逸夫科技楼，紧邻学生活动中心"光标楼"，为全体在校学生提供通往"零号湾"的桥梁。为了激发学生创新、创意思维并助力其转化为实际创业项目，培养国际一流创新创业人才，全球创新创业实验室非常注重形成浓厚的创意、创新、创业氛围，定期举办创业训练营、创业项目路演，经常举办创业沙龙、电梯演讲和各种创业创新文化活动。同时，为方便校园内部的创业团队发展，全球创新创业实验室还为创业团队提供孵化场地、展示平台、讨论场所、模拟创业、创业诊断咨询等全方面服务（包括7间开放性办公室以及大厅公共区域近40个办公位），并且向创业团队提供创业导师预约对话交流服务、创业案例资料等资源。创新创业实验室对有意愿创业的师生提供创业辅导等活动，实现创业意愿师生、创业校友、创业导师、天使投资、风险投资等有效聚集。

在进行创业教育的同时，为了将创业项目落到实处，上海交通大学单独设立了"宣怀班"。旨在凝聚具有强烈创业意愿，愿以创业学院为依托进行创业探索与实践的在校生和校友，并进行系统化的创新创业培养。"宣怀班"不仅是召集一批有创业热情和潜质的在校学生的有效载体，也是交大创业学院办学依托和培养创业"种子选手"的有效举措。通过创业课程学习、创业活动实践以及与创业大咖的交流，培养具有国际化视野、系统掌握创新创业理论和方法并具有创业能力的创业者。

上海交通大学"零号湾"创业社区的发展思路给我国高校众创空间的发展提供了很好的经验借鉴，要从生态圈的视角来看待众创空间的发展，同时要切实完善众创空间中每一个要素，与要素配合协同发展。

对于大多数并不具备清华大学和北京大学这样的高知名度，也缺乏政府对于清华大学和北京大学那样高的投入的普通高校来说，如果能清楚地意识到大学生、天使基金、创业导师、监管机构等"双创"主题是如何通过人才、资本、需求和政策这四大要素的相互作用及协同发展，从而形成完整的创业生态圈，能够切切实实完善创业生态圈中的每一个要素，高校众创空间的创业效果自然水到渠成。

第四部分　典型案例

第八章　具有示范作用的高校
众创空间案例

2019 年 5~8 月，国家发展改革委与中国科协联合教育部、工信部、国资委和中科院等部门，对全国 120 家"双创"示范基地组织进行评估，评选出高校"双创"示范基地 19 家，具体如表 8-1 所示：

表 8-1　2019 年全国高校"双创"示范基地排名

一级类目	类型	示范基地	得分
高校院所类	理工类高校	清华大学	92.5
高校院所类	综合类高校	复旦大学	88.7
高校院所类	理工类高校	哈尔滨工业大学	88.2
高校院所类	理工类高校	华中科技大学	87.3
高校院所类	综合类高校	浙江大学	86.8
高校院所类	综合类高校	南京大学	86.5
高校院所类	综合类高校	中南大学	86.3
高校院所类	综合类高校	上海交通大学	85.8
高校院所类	理工类高校	华南理工大学	85.6
高校院所类	理工类高校	南京理工大学	85.5
高校院所类	理工类高校	西安电子科技大学	85.4
高校院所类	综合类高校	四川大学	85.4
高校院所类	综合类高校	武汉大学	84.7
高校院所类	综合类高校	吉林大学	84.1
高校院所类	综合类高校	北京大学	83.8

一级类目	类型	示范基地	得分
高校院所类	特色院校	河北农业大学	85.2
高校院所类	综合类高校	山东大学	82.9
高校院所类	特色院校	南京工业职业技术学院	82.8
高校院所类	理工类高校	上海科技大学	81.5

资料来源：中国科协办公厅。

在上述 19 家高校"双创"示范基地中，清华大学、上海交通大学、南京大学、四川大学入选首批高校和科研院所示范基地。本章从组建模式、运行机制、特色和优势、发展状况和经验等方面对其中部分高校创新创业示范基地进行解读，为政府、高校、企业及众创空间管理者提供有针对性的政策建议。

第一节　上海交通大学"学生创新中心"

一、高标准人才库

为建立高标准的人才库，上海交通大学设计了创新创业的"金课"体系"4+3+N"。学校联合来自经管学院、设计学院、国际关系与公共事务学院、法学院等学院的多位教授，著名风险投资机构创始人、合伙人，以及来自设计机构、律师事务所、社会创业机构等单位的著名人士，依据教育部"两性一度"的"金课"标准，共同建设、共同上课、共同编写教材，最终打造出理论与实践相结合的高质量创业"金课"体系。

"金课"体系"4+3+N"具体包括：四门核心课程、一门专业实践课、创新创业大讲堂（每周一次）、创新创业沙龙以及多门选修课程。四门创业核心课是"创业基础""创业领导力""创业融资与股权结构"及"创业研讨"。专业实践课要求学生结合自身专业，组建团队完成一个创业项目。创新创业大讲堂通过邀请著名的企业家、投资家、创业者以及创业管理领域的专家学者演讲，在创业经历、特定行业创业经验、创业机会识别、创业政策解读等方向，从不同视角向学生呈现不同行业创业者的心路历程，给学生在创新创业实践中带来灵感和启发。已邀请过 90 余名企业大咖做客大讲堂。这些精彩的演讲激发了学生们的创业热情，也使学生们收获了终生受用的创新意识、创业方法和企业家精神，使"创新成为凝结在交大学子血液中的一种精神，创业成为交大学子生命中一种力量"。"创新创业沙龙"主要针对在校就读且对创业感兴趣或者已经开始创业的学生，邀请风险投资家、创业先锋等与有创业意向的同学"面对面"交流，累计举办了超过 100 期，参与学生累计 10000 余人次。创业选修课包括："技术商业化途径""商业模式""商业数据分析""设计思维""社会创业""基于新媒体的创业营销""会计与财务""企业管理""知识产权法介绍"，以及"大数据"和"人工智能"（与 IBM 联合建设），"AI 技术发展以及行业应用"和"技术分享课"（与百度联合建设），"工业智能导论"和"工业智能—数据治理和分析"（与创梦亚马逊联合建设）等多门课程。

除此之外，学校还为每个创业团队配备了重量级的创业导师团队，名单如表 8-2 所示。

表 8-2 业界创业导师名单

导师姓名	所在单位	职务
李霞	上海远播教育集团	董事长
刘常科	上海昂立教育集团	总经理
刘志攀	美世咨询	大中华区合伙人
祝波善	上海天强管理咨询有限公司	创始人
沈海寅	智车优行科技有限公司	CEO
张俊	上海拍拍贷金融信息服务有限公司	CEO

续表

导师姓名	所在单位	职务
韩露	上海张江文化控股有限公司	总经理
程抒一	上海优熠电子科技有限公司	总经理
沈玉龙	上海本原企业咨询研究所	所长
刘昶	SOLARZOOM 光伏亿家	创始人
齐俊元	Teambition	创始人

资料来源：笔者根据公开资料搜集整理。

二、多元化资本来源

为了使创新创业项目能够落地、生根、发芽、成长，上海交通大学针对项目各个时期提供了多元化的资本来源，同时组建了强大的创投导师团队，让创投导师和创业团队无缝对接，创投导师团队名单如表8-3所示。

表 8-3　业界创投导师团

姓名	所在单位	职务
金凤春	赛富亚洲投资基金	合伙人
姚欣榆	七海资本	创始合伙人
周欣华	华欧创投	创投合伙人
童杰	澎湃资本	创始合伙人
许睿	上海云赛创业投资有限公司	董事、总经理
陆炜	上海中最投资管理有限公司	总经理
桑琳	华威国际投资集团	董事
王映初	初创投资	董事长
葛超	浦发硅谷银行	高级总监
陈世欣	上海创猿投资有限公司	合伙人
明彬	创新马槽有限公司	创始合伙人/CEO
梅松	经纬创投	投资经理
韩彦	光速安振中国创业投资基金	合伙人

创业团队可以利用的资本来源包括学校、区政府、市政府、国家所提供的资金支持项目以及社会资本，社会资本主要来源于学校和国内外高新技术企业的合作。主要资本来源如表8-4所示。

表8-4　多元化创业资本支撑

基金名称	额度	出资方	资助方式	申请要求
创业雏鹰计划	最高 30万元	上海市大学生科技创业基金会	小额信用贷款，贷款期限为两年，本金的一半按月等额还款，另一半贷款期满后还款	①具有中国国籍；②需持有创业企业部分股权，且担任法定代表人；③需要全职投身于创业；④企业需要注册在上海
创业雄鹰计划	20万~50万元	上海市大学生科技创业基金会	由待持机构持有创业企业股份，资助期（3年）内，基金所占公司的股权不参与分红，在资助期满后，将按照原价退出绝大部分股权	①具有中国国籍；②需持有创业企业部分股权，且担任法定代表人；③需要全职投身于创业；④企业需要注册在上海；⑤雄鹰计划资助企业的自筹资金需高于基金会出资部分，出资须以货币形式
上海市大学生科技创业基金会交通大学分会	最高 30万元	上海市大学生科技创业基金会	小额信用贷款，贷款期限为两年	①具有中国国籍；②需持有创业企业部分股权，且担任法定代表人；③需要全职投身于创业；④企业需要注册在上海；⑤该基金面向交大本校
上海市大学生科技创业基金会交大安泰专项基金	最高 30万元	上海市大学生科技创业基金会	小额信用贷款，贷款期限为两年	限上海交通大学安泰MBA及创业学院学生，本金的一半按月等额还款，另一半贷款期满后还款
上海市科技苗圃计划	最高 5万元	上海市科学技术委员会、上海市科技创业中心	项目执行期不超过6个月，直接资助，无须偿还	项目已为科技苗圃备案项目，尚未成立公司，投入与申请额1∶1匹配的启动资金
华图大学生创业基金	20万~50万元	全国高等学校学生信息咨询与就业指导中心、华图教育集团	项目评审设金华奖2个，每个资助金额25万元；银图奖4个，每个资助金额15万元；优秀奖9个，每个资助金额10万元	面向在校大学生创业团队，创业项目比较成熟，获得学校推荐，通过专家评审委员会评审答辩

续表

基金名称	额度	出资方	资助方式	申请要求
中国青年创业计划（YBC）基金	5万~10万元	紫竹创业专项基金、闵行科委等	免息免担保贷款资金，分24个月还款	一是微利型项目，有几万元的启动资金即可成行；二是可以持续发展，不属于"短命"项目，风险不高；三是能够为其他人创造就业机会
上海市大学生创业项目	最高5万元	上海市教委	根据项目实际需要进行预算申报，按照项目开展的实际情况给予报销	在大学生创业训练计划校级项目中选拔优秀项目推荐，所立项目具备明确的研究目标、可行的实验方案、合理的技术路线及必要的实验条件
国家级大学生项目	最高5万元	教育部高等教育司	平均1万元/项的标准	在大学生创业训练计划校级项目、市级项目中选拔优秀项目推荐，所立项目具备明确的研究目标、可行的实验方案、合理的技术路线及必要的实验条件
研究生创业训练计划	最高5万元	上海市大学生科技创业基金会、上海市学位委员会	根据项目实际需要进行预算申报，按照项目开展的实际情况给予报销	每人限申请1个项目，申请的项目应与申请人所学专业相关、具有良好的市场应用前景
创业前小额担保贷款	10万~20万元	创业所在地的区县就业指导服务部门	贷款期限最长一年	①政策性担保机构提供全额担保；②本市高校非上海生源毕业生申请创业前担保贷款的，在政策性担保机构为其担保不足的贷款部分提供担保的同时，申请人应当提供第三方的个人信用反担保
上海市青年创业小额贷款项目	50万元以上	上海市科技创业中心和上海浦东生产力促进中心	贷款，期限不超过两年	贷款利率执行人民银行公布的当期贷款基准利率
中国青年创业国际计划	最高5万元	中国青年创业国际计划（YBC）上海办公室	贷款	免息免担保

续表

基金名称	额度	出资方	资助方式	申请要求
上海市自主创业微量担保贷款	最高5万元	户籍所在街道（镇）劳动保障事务所	贷款	①为社区居民及家庭提供直接服务，被街道（镇）劳动保障事务所认定为"自主创业"，并做用工登记备案的；②经街道（镇）组织就业援助员和开业专家进行调查确认
阿里云	10万~20万元	阿里云	配合教育部大学生创新创业训练计划的开展	通过基于云计算及大数据的开放技术基础的项目研究和开发，项目将与阿里云"创客+"项目进行对接
腾讯	最高5万元	腾讯	项目结合腾讯在移动互联网时代平台、运营方面的独特优势，全面提升大学生创新、实践、运营、协作、创业五大能力	通过项目实施，探索"互联网+"时代的创新产品形态，打造典型标杆案例
百度	最高5万元	百度	打造"百度大学生创业家成长计划"，通过竞赛的形式，征集项目提案，并对优秀的项目进行支持	配有指导老师（硕导及以上）至少一名
觉群大学生创业基金	5万~10万元	紫竹创业专项基金、闵行科委等	免息免担保贷款资金，分24个月还款	微利型项目，投资不大，有少量的启动资金即可成行
英特尔公司	最高5万元	英特尔公司	通过基于项目研究和开发，锻炼学生创新能力和实践能力，提升综合素养	项目配合教育部大学生创新训练计划的开展
Google公司	最高5万元	Google公司	通过小额资助、培训和训练营等形式，帮助有志于创业的大学生，"扶上马、送一程"	资助基于开放开源技术的移动互联网项目研究和开发，开展大学生训练营和面向全国大学生的"全国大学生移动互联创业挑战赛"
思科公司	最高5万元	思科公司	择优选拔并资助2名同学赴美国参加思科公司举办的为期约三周的"全数字化变革"创新培训项目	按照教育部大学生创新创业训练计划要求

续表

基金名称	额度	出资方	资助方式	申请要求
德州仪器	最高5万元	德州仪器	所有项目还可获得板卡、芯片等硬件支持	按照教育部大学生创新创业训练计划要求,重点支持基于模拟电子、嵌入式技术、无线连接等方向的应用

三、灵活性政策

为了解决第一专业课程和创业之间的矛盾,学校制定了灵活性的政策。《上海交通大学学生创业休学评审办法》规定,学生可以通过休学一定时间来进行创业,而不影响第一专业的课程学习。有意愿休学的同学可以到教务处或研究生院领取《上海交通大学学生创业休学申请表》,提交创业计划书及申请表后,经由校内专家与校外创业创投导师组成的评审委员会半数以上人数同意则视为通过。

为切实提高学生创新创业的积极性,学校制定了专门的创新创业管理办法及细则,如《上海交通大学大学生创新创业计划管理办法》,其包含大学生创新计划和大学生创业计划两部分。创新计划以项目的形式支持品学兼优且具有较强科研潜质的在校学生开展自主选题的科学研究工作,培养其发现问题、分析问题和解决问题的能力,从而提高学生的实践和创新能力。创业计划项目分为校创、市创和国创三个级别,校级大学生创新实践计划项目采取学生自愿申报、专家评审、择优资助的原则。"上海市大学生创新创业训练计划"和"国家级大学生创新创业训练计划"项目每年立项一次,原则上由学生创新中心从在研的校级大学生创新计划项目中择优选拔。学校对参加各类创新创业项目的学生可制订柔性化培养方案,并采取相关配套措施,包括学分认定、选课、考试、成果认定等。完成项目且成绩优秀的学生,在申请参加国内外竞赛、奖学金评审、大学生创业基金资助等方面将享受一定优先支持。通过项目验收后给予指导教师相应的工作量,为评选优秀大学生创新计划指导教师等举措提供师资保障。笔者对创新创业过程中可能涉及的各项创业政策进行了梳理，如表8-5所示。

表8-5 全方位的创业支持政策

痛点	政策文件	具体条款
学生创新创业必须遵循的基本法	上海交通大学大学生创新创业计划管理办法	包含大学生创新计划和大学生创业计划两部分
专业课的学习和创业的时间冲突	上海交通大学学生创业休学评审办法	学生可以通过申请休学一定时间来进行创业，而不影响第一专业的课程学习
实践教学，教学实习与专业课程学习之间的关系	上海交通大学关于修订印发实践教学系列文件的通知	学校制定统一的考核标准
学生所创立的企业如何制定各种规章制度	上海市大学生科技创业基金会上海交通大学分会大学生创业企业管理办法	创业企业应按时向分基金会递交相关资料
正式创业前如何练兵、尝试创业	上海交通大学创业加油站管理办法	"创业加油站"每年6月面向全体学生创业团队公开招标，为期一年
创新成果如何登记	科技成果登记办法	科技成果完成人（含单位）按直属或属地关系向相应的科技成果登记机构办理科技成果登记手续，不得重复登记
科技成果如何转化	科技成果转化文件修订版（红头1+1+4）	学校允许科技成果完成人利用职务科技成果，开办或参股创办企业，开展与科技成果相关的生产和服务活动
国家科技重大专项管理	国家科技重大专项管理暂行规定	科技部作为国家主管科技工作的部门，会同发展改革委、财政部等有关部门，做好重大专项实施中的方案论证、综合平衡、评估验收和研究制定配套政策工作
国家科技重大专项管理	国家科技重大专项知识产权管理暂行规定	科技部会同发展改革委、财政部（简称"三部门"），建立三部门工作机制，研究解决重大专项组织实施中的重大问题，各司其职，共同推动重大专项的组织实施管理
如何处理知识产权纠纷	国家知识产权战略纲要	到2020年，把我国建设成为知识产权创造、运用、保护和管理水平较高的国家
如何申请专利	中华人民共和国专利法	国务院专利行政部门负责管理全国的专利工作；统一受理和审查专利申请，依法授予专利权

续表

痛点	政策文件	具体条款
如何申请专利	中华人民共和国专利法实施细则（2010年第二次修订）	国务院专利行政部门负责管理全国的专利工作，统一受理和审查专利申请，依法授予专利权
如何订立合同	技术服务合同	提供标准合同范本
如何订立合同	技术开发合同	提供标准合同范本
如何订立合同	技术转让合同	提供标准合同范本
如何订立合同	技术咨询合同	提供标准合同范本
如何订立合同	专利权转让合同	提供标准合同范本
如何订立合同	专利实施许可合同	提供标准合同范本

四、建立国际创新创业桥

学校和多所国际著名高校建立了创新创业的机会，以项目的形式进行运作。截至2022年6月已经定期开通的项目包括上海交通大学斯坦福硅谷创业训练营、上海交通大学（SJTU）—卡尔斯鲁厄理工学院（KIT）联合暑期创业学校（JES）、新加坡国立大学与上海交通大学本科生/研究生"创新创业学生交换计划"，具体内容如表8-6所示。

表8-6 国际双创桥

项目名称	项目简介	参与对象	时间
上海交通大学斯坦福硅谷创业训练营	旨在为有志于创业的同学搭建在斯坦福大学和硅谷学习的机会，提供创业理论学习以及面对面与硅谷创业者、风险投资人士交流和参观硅谷创业企业的机会，提高学生对创业机会识别的能力和创业技能	15名上海交通大学创业学院第9期宣怀班学生；10名交大其他学院和上海其他大学的在校学生；曾经做过或正在做创业项目的学生	每年8月中下旬
上海交通大学（SJTU）—卡尔斯鲁厄理工学院（KIT）联合暑期创业学校	活动包括创业教育讲座、研讨会、创业团队项目建设、文化活动及创业企业参观；中德学生两两组队，基于德国的技术专利完成一个创业项目	上海交通大学和KIT各选派7名学生；有基本商科知识；英文较好；以硕博学生为主；创业项目偏重高科技领域	KIT：每年7月底至8月初 上海交通大学：每年9月

续表

项目名称	项目简介	参与对象	时间
新加坡国立大学与上海交通大学本科生/研究生"创新创业学生交换计划"	交换计划每年春秋各设一期，每期6个月或至少24周；交换学生在接收方大学的最长期限为一学年；学生结束学习后成绩合格者可以获得对方学校出具的成绩单，该成绩可以依照上海交通大学规定，转换入上海交通大学以满足学位要求	双方学校全日制本科生或研究生；本科生需在母校完成至少两学年的学习，研究生需在母校完成一年的课程学习；须为优等生，其平均成绩至少应为B或不低于70分或成绩为班上的前1/3，并不得有任何一门课成绩低于C	每年春季或秋季

五、成功案例

由于针对众创生态圈中的每一个要素都制定了非常完善的解决方案，上海交通大学众创空间的成果也很辉煌，笔者对10多年来的创新创业项目进行了梳理，如表8-7所示。

表8-7 高校"双创"成功案例

名称	公司全称	成立时间	所属行业	发展情况
迈科技	上海迈坦信息科技有限公司	2013年	一站式技术创新服务平台（科技服务，技术成果转化）	2018年11月，完成顶尖风投B轮融资
掌门1对1	上海翼师网络科技有限公司	2014年	领先的中小学在线一对一辅导机构	2019年2月，获得CMC资本、中金甲子基金等多家机构3.5亿美元E轮融资
饿了么	拉扎斯网络科技（上海）有限公司	2009年	移动互联网O2O平台，网上订餐平台	2016年4月13日，获得12.5亿美元投资
触宝科技	上海触乐信息科技有限公司	2008年	移动通信，触宝电话和触宝输入法两款APP	估值约10亿美元
在家点点	上海立到网络科技有限公司	2015年	互联网O2O、创新型科技公司	—
凹凸共享租车	上海新共赢信息技术有限公司	2013年	互联网、共享经济	2018年5月，获D1轮融资，估值1.5亿美元

续表

名称	公司全称	成立时间	所属行业	发展情况
Teambition	上海汇翼信息科技有限公司	2011 年	移动互联网，企业服务	2015 年 12 月，完成 1200 万美元的 B 轮融资
小红书	行吟信息科技（上海）有限公司	2013 年	互联网、生活服务，跨境电子商务	企业估值超 10 亿美元
59store	上海舞九信息科技有限公司	2013 年	互联网、校园便利店 O2O 平台	估值过 20 亿元人民币
禾赛科技	上海禾赛光电科技有限公司	2012 年	高科技、仪器仪表、工业自动化	已完成累计超过 2.3 亿美元融资
森亿智能	上海森亿医疗科技有限公司	2016 年	医疗健康	2018 年 9 月完成由襄禾资本投资的 B+ 轮融资
达观数据	上海达观数据科技有限公司	2015 年	文本智能处理	2016 青年互联网创业大赛全国总冠军，2018 年度中国人工智能领域最高奖项"吴文俊人工智能科技奖"
傅里叶智能科技	上海傅利叶智能科技有限公司	2015 年	智能科技	2018 年完成 IDG 资本 3000 万元人民币 A 轮投资，上海市十佳创业新秀
智云健康	上海傅智云健康科技有限公司	2014 年	智能医疗	2019 年 1 月 7 日完成 C 轮融资 1 亿美元
码尚	上海衣页信息科技有限公司	2016 年	以 AI 技术为核心的互联网服装定制公司	2018 年挂牌新三板；获得水木基金的 B 轮投资
钛米机器人	上海钛米机器人科技有限公司	2015 年	机器人及相关设备的研发及技术咨询等	2018 年 7 月，完成 2 亿元人民币的 B 轮融资；2019 年 3 月，上海钛米机器人完成 B+ 轮融资
思岚科技	上海思岚科技有限公司	2013 年	传感器、敏感元器件公司	2017 年 7 月 11 日融资 1 亿元人民币
商汤科技	北京市商汤科技开发有限公司	2014 年	硬件，计算机视觉技术以及深度学习算法	2018 年 5 月完成 6.5 亿美元 C+ 轮融资，公司估值 45 亿美元
依图科技	上海依图网络科技有限公司	2012 年	智能安防、智能医疗、智慧金融、智慧城市、智能硬件等	2018 年完成由高成资本、工银国际、浦银国际的 C+ 轮融资

根据 2021 年度《上海交通大学国创年报》，"慧谷创新创业训练营"项目为期两个月，通过讲座、与创业大咖分享交流、导师一对一辅导、"慧谷

创新创业大赛"等环节，增强了学生创业实践能力。2021 年共吸引 160 名大创计划的学生参加，覆盖同济大学、复旦大学、上海健康医学院等多所高校。另外，通过学校的"大学生创新创业"项目培养出一批创业先锋：联鲸联合创始人蒋文凯和王涛、和鲸 CEO 范向伟、轻流创始人兼 CEO 薄智元、瓶钵创始人兼 CEO 利文浩等分别登上 2018 年和 2019 年"福布斯中国 30 位 30 岁以下精英榜"；林贤杰创立的"迈科技"获评 2018 胡润上海技术转移机构榜 TOP10；薄智元创立的"轻流"获评 2018 年上海最具投资潜力 50 家创业企业；利文浩获评第七届上海市科技创新市长奖。在 2017～2021 年"资本收紧"的环境下，一批企业获得融资共计 30 多亿元人民币。

第二节　清华大学 i. Center——专属于清华人的众创空间

一、成立背景

i. Center 是清华大学创建的极具影响力的高校创新创业基地，其中，"i"的内涵包括工业级（Industry）、学科交叉（Interdisciplinary）、创新型（Innovation）、国际化（International）和以学生为主体（I）等。2014 年，i. Center 获批"北京高校示范性校内创新实践基地"。i. Center 并不是 2014 年才新建的，而是有着非常雄厚的基础和历史积淀，它的前身是清华大学基础工业训练中心。1996 年，清华大学整合校内工程实践教学资源，组建覆盖全校的工程实践教学基地"基础工业训练中心"，该中心以大工程为背景，集工程基础训练、先进技术训练、创新实践训练和综合素质训练为一体，以模块式选课为基本特征，理工与人文社会学科结合，整体开放、资源共享，是服务清华、面向北京、辐射全国的工程实践教学体系。历经数年的改革和完善，2014 年，基础工业训练中心开始转型升级为 i. Center 众创空间，并搬迁至新落成李兆基科技大楼，在 1.65 万平方米的物理空间里配置了上百台数控车床、机床、铣床以及 3D 打印机、三维扫描仪等工具，供创客们使用。

二、理念和发展模式

清华大学 i. Center 不同于上海交通大学"零号湾"的高校、政府、企业三方合作模式，而是完全由高校主导，因此在运行模式上不需要进行三方磨合，提高了管理和运行的效率。

首先，将众创精神融入到项目实践的教学活动中。在清华，创意、创新、创业被统称为"三创"，参与"三创"活动的学生都是广义上的清华创客。经过几十年的积淀，实践教学是 i. Center 的强项。从工程训练中心到 i. Center 的最大转变，体现在将众创精神融入到实践教学中，教师注重在各个教学环节加入学生创新成果。例如，在自动化物料配送系统、低成本纳米显微镜、物联网产品等产品的实践教学中，让学生围绕相应主题提出解决方案、制作原型产品并进行演示。

其次，在创新活动的过程中，强调跨学科合作。通过建设开放的创客活动服务平台和教学体系，面向全校学生，让理工、人文、社会学科相融合，集知识传授、能力培养和价值塑造为一体，充分释放学生巨大的创新潜力。例如，在 i. Center 新空间内部设施的设计和布局上，就联合包括美院、机械学院、信息学院、经管学院等多个学院，反复探讨论证，以便将先进的教育理念和科学技术融合其中。在具体实施过程中，在设计创新产品时，引入美院和媒体设计学院的设计思想。设计出产品原型之后，通过提供孵化场地、技术培训、产品开发、加工制作、管理咨询等方面的支撑条件，让同学们不会因为自己知识不全面而使创新活动受到限制，实现跨领域合作，鼓励不同学科的同学进行思想碰撞。

最后，从工程训练中心时代以教师为中心转变为"学生为主体、创新为驱动"。以志趣为导引，以创新实践活动为手段，致力于"让学生做梦想的实现家"。通过教育模式的创新，激发学生的内在动力，在校园里营造良好的创意、创新、创业氛围。

非常值得一提的是，i. Center 非常注重创新精神的培养，在全体学生的心中撒播创新的种子。i. Center 主任李双寿认为，不同的历史阶段学生培养目标不同，教育的内容和模式具有时代特征，i. Center 不会把每个学生都培养成创业者，但是这个时代，每个学生都应该有创新精神和创新意识。i. Center 的使命之一是为创意的种子提供适合的环境，希望它们能生根发芽，长成参天大树。校园众创空间能让学生在大学就体验到创新的过程，有利于培植出最好的创客。

三、运行机制

为了实现上述目标，i. Center 从开发多层次立体化创业教育课程体系、完善众创空间和在线平台以及举行丰富多彩的创业活动三个方面同时推进。i. Center 创业教育课程特点是综合化、系统化、跨学科和挑战性。综合化和跨学科教学有利于学生获得宽阔的基础、专业视野和较强的适应能力；挑战性教学激发学生的好奇心和想象力，主动获取新知识并综合运用知识，在完成挑战性任务中获得成就感，提高学生的勇气和自信，培养沟通、合作和创新等能力；系统化能针对不同的同学和创客的不同阶段都能给予相应的帮助，i. Center 对全校学生开设多种风格独特但内容与形式互补的跨学科系列课程。

i. Center 的实体空间位于清华大学 2014 年落成的李兆基科技大楼的西北区，约 16500 平方米，一共 9 层，大幅拓展了"三创"（创意、创新、创业）活动开放平台的面积，据称是目前全球最大的校园创客空间。自下而上形成以数字制造车间为支撑，创意研讨与先进制造工坊为先锋，工程训练基地为基础，开放式创客工作室、跨学科研究室、创客多功能厅为引领的综合性创意创新创业教育与工程训练基地。大楼一层摆放着上百台数控车床、3D 打印机、三维扫描仪、激光加工等数字化制造设备，提供全方位的创意创新实现服务。根据功能的差异，创客多功能厅包括创客交叉融合空间、展示演示厅、文化与交流区等，分别对应创客们的不同需求。

除了实体空间，i. Center 的创客课程、创客活动管理以及创客团队项目管理也建成了在线平台，为下一步构建智慧环境、建设智慧资源、实现智慧管理、提供智慧服务提供了足够的资源，这是在以物联网、云计算、大数据为代表的新一代信息技术发展背景下众创空间发展的必然选择。在这一方面，i. Center 无疑值得全国高校众创空间借鉴。

i. Center 还定期或不定期地举行各种活动来营造创新创业的氛围，如将每年 11 月的最后一个周六定为"清华创客日"，组织承办各种创客教育高端论坛，和国内外著名高校创客空间进行交流等。此外，为鼓励学生的创新活动，还设立了清华大学 i. Center 创客教育基金，以激发学生进行技术创新、科技开发的热情，助推更多原创性作品的诞生。基金采用申请审批制管理，学生按照要求提交项目申请材料，经过专家评审组的打分，获得相应分数，按照标准获得相应资助资格，享受资助权益。资助项目需按要求提供相应受资助项目发生的相关成本的凭证，以获得相应现金资助。值得一提的是，基金设立时就明确了基金资助不代表未来项目与基金、企业、个人之间的股权、债券、期权，或任何其他形式的权利义务关系，受资助项目仅一次性获得相应支持。这种规定，一方面鼓励了创客的创业激情，另一方面完全打消了他们的顾虑，不会在事后产生任何形式的权利纠纷。

清华为学生提供创意创新创业条件的单位呈现多样化、特色化发展，从这方面看，清华大学的众创空间建设确实比上海交通大学的"零号湾"更加完善。除了 i. Center，还有清华创客空间、x-lab、"创+"平台、未来兴趣团队、美术学院工作坊、清华大学创客教育实验室等各具特色的众创空间，这些众创空间规模有大有小，满足了各种创客的需求。例如，成立于 2013 年的清华校内科创类社团"清华创客空间"专注于创客培养、项目孵化。其宗旨是尽可能地降低科创类社团的进入门槛，让所有同学都能够体验创造的乐趣。清华创客空间的注册会员有 1/3 来自非工科专业，这一点和 i. Center 更侧重于工科专业有很大不同。2015 年 4 月，清华创客空间的七位同学给李克强总理写信介绍他们的经验，2015年5月4日，李克强总理给清华创客回信，鼓励他们"不断丰富创客文化，把创客种子在更大范围播撒开来"。

第三节　北京大学创业训练营

一、成立背景

北京大学创业训练营（见图8-1）成立于2013年9月，旨在推动创新思维教育和创业经验分享，以北大开放的教育资源和校友资源联合打造优秀创新创业人才培养平台，针对中国创新创业优秀领军人才开设实战课程及导师辅导。北京大学创业训练营从创业教育入手，将创业教育引向创业实践。创业训练营开设了经营、人力资源等100多门课程，可实现免费在线收听。为了让课程具有实战性，创业训练营同时邀请了俞敏洪、孙陶然、肖军等300多名知名企业家授课、项目路演及投融资指导等创业扶持链条，针对创业企业

图8-1　北京大学创业训练营外观

战略规划、财务税务服务、法务咨询、企业诊断、投融资服务、孵化服务等多个领域进行实战讲解，为创业企业提供支持与帮助。2015年，北京大学创业训练营入选首批国家级众创空间。

北京大学为鼓励学生的创业积极性，实施灵活的学籍管理方式。学生参加创新创业、可以根据申请折算学分。参加大学生创业训练和创业实践项目并取得优异成绩的本科生也会获得奖学金支持。同时，学校也制定了相应的学籍政策和管理制度，使学生进行创新创业实践不会影响其专业学习，也不会影响其顺利毕业。根据北京大学2021年公布的数据，休学创业学生人数7人，获得创新创业奖学金的学生总数达到435人。

二、运行模式和成效

和其他高校众创空间不同的是，北京大学创业训练营更注重通过演讲和授课的形式传授创业知识以及进行创业方法的指导，而不是在固定的实体空间里建立全系列多层次的创业生态系统。这种方式的优点是，可以快速地在全国多地开设训练营，缺点是对于训练营的每一个创业项目缺乏手把手的指导和有针对性的服务。当然，北京大学创业训练营有非常独特的优势可以弥补这些缺点，创业训练营通过引入北大校友创业服务联盟概念，邀请优秀校友企业在设计创业生态系统的多个领域形成战略合作关系，在创业训练营课程的基础上进行深化和落地生根。从这个意义上讲，北京大学创业训练营和其他高校众创空间以不同的方式，达到了相似的结果。

截至2017年底，北京大学创业训练营已完成了近60期创业特训班，通过各种方式扶持、培养了超过30万名创业青年。同时，在北京、天津、青岛、苏州、扬州、珠海、大连、厦门等地建设了14个众创空间，在洛阳、十堰、南宁、保定、南通、宝鸡等地建设了42个开放课程中心，正在建设一套以创业教育为入口，配合创业研究、创业孵化、投资基金的四位一体创业服务体系，在全国各地迅速复制北京大学的经验。目前，北创营已经成为了全国最大的全公益创业教育与扶持平台，获得了科技部国家级众创空间、中关村国家级创新型孵化器等多个认定称号。

在成立三年之后，北京大学创业训练营建设了自己的实体空间。2016年10月9日，北京大学全球大学生创新创业中心落成。北京大学全球大学生创新创业中心作为北京大学服务国家"双创"战略的核心计划之一，位于北京大学第二教学楼，占地近5000平方米，内部功能包括新青年创客空间、创业大讲堂、创业咖啡、创新创意设计展示中心、北京大学创业训练营等。同时，北京大学第一本创业教材《北大15堂创业课》发布，由北京大学校友工作办公室、北京大学党委政策研究室共同编撰，是北京大学创业系列丛书的第一本，集结了厉以宁、吴志攀、黄怒波、俞敏洪、张新华、孙陶然等15位学界、业界大咖多年的研究成果及创业实战经验，为创业者亲授秘要，指点迷津。

三、从独立建设到合作共建

下面以北京大学创业训练营江苏基地为例，来看其发展思路，也许这种模式比传统的在固定的物理空间中建设创新生态系统要更优越。

2015年，北京大学创业训练营与江苏省经济和信息化委员会、扬州市人民政府、扬州市广陵区政府签署四方协议，合作共建"北京大学创业训练营江苏基地"。基地位于扬州市广陵区"江苏信息服务产业基地（三期）"内，空间面积约6000平方米，设置有初级孵化器、创业苗圃、创业咖啡、培训教室等创业服务功能。基地正式揭牌启用后已陆续开展创业培训、创业者交流平台建设、创业项目引进、创业投资路演及入孵企业辅导、财税法服务等服务内容，为入孵的创业企业提供深度创业服务，未来还将建设北大科技成果转化项目落地、创投基金联盟建设等创业服务功能。

北京大学创业训练营江苏基地依托北大优秀校友资源、北大优秀企业家导师资源和6000余名优秀创业营员资源，整合省、市、区三级政府资源，依托基地物理空间资源，深度打造基地创业培训服务能力、初级孵化服务能力、创业者交流平台建设、产业技术转化能力，建立建设综合稳定的孵化空间体，为江苏地区乃至长三角范围创业者打造一个优质、全链条创业生态环境。许多来自北京、上海、南京、珠海等地的北创营营员企业进驻，主要行业涉及软件开发、互联网、裸眼3D、电子信息产业等行业。

创业培训一直以来是北京大学创业训练营重点建设的创业服务内容，北创营江苏基地每年开办创新创业特训班，服务覆盖江苏全省及长三角地区优秀创业者，极大地提升了地方"双创"环境与中小微创业氛围。在建设创业者交流平台方面，北创营江苏基地为做好服务长三角地区创业者的资源对接平台，开展各类创业主题活动，包括大型创业主题论坛、大型创业项目路演、大家的董事会、创业营员企业互访活动、创业企业产品宣展会、入孵企业辅导会、政府政策宣讲沙龙、创业马拉松、高校"双创"工作交流会、视频创业网络课程等活动，致力于为长三角地区创业者做好创业交流平台，稳步推进地方创新创业生态软环境建设。

第四节 浙江大学 e-WORKS 创业实验室

一、成立背景与运行模式

2014年12月19日，浙江大学 e-WORKS 创业实验室正式启动，e-WORKS 创业实验室由浙江大学国家大学科技园管理委员会牵头，联合浙江大学党委研究生工作部、浙江大学管理学院、浙江大学创新技术研究院有限公司、浙江大学科技创业投资有限公司共同创建。旨在发挥浙大科技园作为国家级大学科技园、国家级科技企业孵化器和国家级大学生创业基地的平台优势和资源优势，同时发挥联合发起单位的创业教育、创业投资等资源优势，充分整合政府、企业和高校等多方资源，为大学生创业提供针对性、专业化的预孵化服务，推动更多的大学生创业项目得以成型、孵化、快速发展，促进科技成果的产业化。

从使命上来看，e-WORKS 创业实验室实际上是浙大科技园的延伸，进一步降低了创业门槛,将创业对象从面向已经正式设立公司的创业企业,延伸到面向处于创业"萌动期"的潜在创业者和创业项目,发挥预孵化服务的"温室孕育"和苗圃功能。创业实验室可以遴选和培育出一批有成长潜力、符合区域产业发展导向的创业项目,源源不断地为浙江大学科技园提供企业孵化、产业培育的优质创业项目,同时也成为有效承载浙江大学科技成果转化和技术转移的连接平台。

在实际运行过程中,e-WORKS 创业实验室通过在浙江大学校园内营造低门槛、低风险的微观创业环境,让尚不成熟的科技创业项目或创意、原型逐步完善并具有商业价值,使有创业意向的创业团队逐渐成为掌握一定创业技能的创业人才,从而不断催生创业项目转化、成长为中小企业,并促进项目企业与创新人才茁壮成长,为区域经济发展做出积极贡献。

浙江大学 e-WORKS 创业实验室为创业者提供创业场地、创业资金、创业投资、创业辅导、创业教育与培训支持,并无缝对接浙大科技园创业孵化服务体系,打造创客"梦工场"。

二、运行机制和建设成果

低门槛、低风险的创业环境,是 e-WORKS 的特色和优势。对于凡是通过审核、成功入驻的创客团队,提供必要的基本办公设施和交流空间,12 个月内免收 e-WORKS 创业实验室场地、工位租赁费用,并优先使用 e-WORKS 创业实验室所配备的公共办公设施。另外,开放共享科技园专业技术服务平台和公共服务平台。在资金支持方面,以无偿资助或股权投资等方式对通过评审选拔的优秀创业团队以支持,用于项目启动与运行,优先支持具有发展潜力的创新创业团队和项目。在创业配套服务方面,e-WORKS 为入驻项目和团队配备专职服务人员。低门槛还体现在入驻资格上,凡是正式注册的浙江大学全日制在校本科生、硕士研究生和博士研究生,或者毕业五年内(含五年)的往届毕业生都有资格申请入驻 e-WORKS 创业实验室。即使不是来自于浙江大学而是其他高校,如果创业项目具有高成长性和投资价值,e-

WORKS 也欢迎入驻。当然，e-WORKS 也要求入驻项目应具有创新性，项目盈利点清晰且项目实施可行性强。

由于定位明确、制度完善，浙江大学 e-WORKS 创业实验室在不到三年的时间内，取得了丰硕的成果。2015 年入选科技部首批 136 个国家级众创空间。截至 2017 年 11 月，浙江大学 e-WORKS 创业实验室已成功培育视氪科技、蜂飞科技、沐羽科技、星云进销存、宇筝科技、大早网络、深想科技、美兮影视、云秒科技、飞秒检测、TIPIX 等优质科技类、文创类创业项目 79 个，为浙江大学国家科技园源源不断地输送了一批批优秀创业项目。截至 2017 年底，已有 69 个项目注册成立了公司，注册公司占比 87%；有 14 个项目获得天使投资，融资总额 5120 万元。e-WORKS 也在 2017 年 10 月被浙江省科技厅认定为 2017 年度优秀众创空间。e-WORKS 创业实验室建立了动态的入驻和退出机制，表 8-8 为 2017 年在驻创业项目。

表 8-8　e-WORKS 创业实验室 2017 年在驻创业项目

序号	项目名称	负责人	序号	项目名称	负责人
1	森香科技	陈乐文	12	乡村旅游	蔡开翔
2	星云进销存	王博鑫	13	在线仓储	魏凡丁
3	20ke	张岳	14	外萝卜科普课程	杨锦云
4	精造科技	于双源	15	Plooy 方言互动	胡朝晖
5	蟹壳儿	周风雷	16	莫宁科技	董传智
6	本因生物	丛培宽	17	Tipix	张乐凯
7	云秒科技	胡将	18	快新风	杨辉团队
8	美兮影视	朱懿琳	19	奋泰科技	周洋
9	慧活科技	蒋浩华	20	沙粒盒子	陈星团队
10	圣舰科技	焦圣舒	21	轻型人工智能	翁天炜团队
11	悠优果	张伟	22	光盒图像和测温相机	顾弘团队

资料来源：浙江大学 e-WORKS 创业实验室。

第五节 厦门大学：火炬极客空间

厦门大学火炬极客空间是由厦门大学与厦门火炬高新区管委会联合共建的众创空间，2015年6月14日正式揭牌。火炬极客空间依托厦门大学的国家级重点实验室和工程中心建立，以物联网硬件及运营服务为创新创业重点方向，引入英特尔、谷歌、ARM、XILINX以及中国台湾台达电子等国际性大公司的创新资源，主要从事机器人、导航定位、工业物联网等智能硬件行业领域的创新创业培育工作，火炬极客空间的目标是以全新理念的产品设计为牵引，培养具有跨学科协同攻关能力的创新人才和技术团队。

一、普惠式"双创"教育

和其他高校众创空间相比，火炬极客空间的一大特色是普惠"双创"教育。火炬极客空间秉持向社会传递最新的知识并引导大众的社会使命感和社会教育理念，致力于将众人眼中高深莫测的高新技术推向普通大众。火炬极客空间主动走进中小学的课堂，传播"双创"教育的信息和理念。每隔一段时间，火炬极客空间的创客和老师们就会到各校进行科技知识及实践操作的辅导。一般的做法是：首先，火炬极客空间老师多次去中小学进行课堂辅导，让学生们掌握了必要的"双创"知识；其次，再与万科教育、Google等合作，通过3D打印形成的机器人组装模块；最后，在中小学的课堂上让孩子自己动手进行组装，以此来训练孩子们的思维，同时也锻炼孩子的编程能力。实践证明效果相当好，学生们的参与意识特别强，创新思维得到了很好的训练。另外，火炬极客空间对学生和社会人士完全开放，只要有梦想都可以参与进来，可以在这里与同伴互相切磋，也可以请教厦门大学的老师或身经百战的创客。正如火炬极客空间的辅导老师郑灵翔所说："只要向我们证明你有一技之长并喜欢技术，火炬极客空间的大门随时敞开。"

火炬极客空间这种普惠式"双创"教育在潜移默化中培养了未来的科技人才，迅速提高了中小学生的创新意识及实践动手能力，非常值得提倡。

二、以培养创客精神为核心

高校众创空间的共同特点是有场地、有资金、有创业导师。厦门大学火炬极客空间在创新创业教育方面的另一大特色是侧重创客前端教育，以培养创客精神为核心。厦大火炬极客空间将培养创新创业人才作为众创空间的使命，而在培养创新创业人才的过程中，更加注重前端教育。所谓前端教育，就是一个创客或创业者进行某种行为前的知识熏陶、氛围感染、思维训练、动手能力提升及科技感觉的培养等。在火炬极客空间郑灵翔老师看来，创客人人可当，但具备一定科技素养、实践能力和活跃思维的创客却不是所有人都能胜任的。一个没有创客精神的人是很难能够成功创新创业的。火炬极客空间石江宏老师理解的创客是"随心而做、追求完美、激情分享"，火炬极客空间将培养培养创客精神提高到了新的高度。

在具体方式上，厦大火炬极客空间依托高校的教育理念、教育方式和教育资源，汇聚学校优秀的师资力量，以课堂的形式进行授课，或以自主实验的形式进行启发。与福建省内各大高校及投资人合作开展创客教育，共同搭建创新创业孵化平台，如邀请福州大学工艺美术学院的教师教授设计类的课程，邀请厦门大学管理学院的教师教授商业设计相关的课程，还会请相关领域的知名技术人员、知名创客等来火炬极客空间上课及分享"双创"心得。不同领域的科技知识教学、技术经验传授拓宽了创客思维，让人明白科技不是单面体，而是与生活、艺术相融合的多面组合体。

三、不计成本引进高端设备

火炬极客空间花费巨资配备了不少众创空间所不具备的高端仪器设备和软件，这些设备引进方式有三种：一部分是由厦门大学海西通信工程技术中心自身投入巨资研发出了各种通信、导航、智能终端、芯片等领域的实验仪器和开发平台;一部分是英特尔公司、谷歌公司、台湾台达电子等世界知名企业为火炬极客空间赞助了各种软件和部分设备;还有一部分是通过高价购买的。火炬极客空间为了激发创客们的创新热情,向创客们免费开放这些先进的研发和检测设备,让创客在这里真正获得玩技术的快乐和成就感,不用频繁地更换地方,就能实现一个项目从创意到成品的完美蜕变。

火炬极客空间也非常重视积累创客们的创意成果。有些创客们的创意、创新之作变成了新一代创客们的教学之用,或者被搬到高校课堂成为在校生的实验仪器。极客空间的大厅里陈列着各种富有想象力的创意作品,如手机机器人、宠物自拍器、儿童编程机器人、3D 打印机、激光雕刻机、墙绘机器人、POV3D 全息成像等,部分创意作品已经进入众筹阶段。

此外,火炬极客空间非常重视校—区联动,即厦门大学和厦门高新区积极合作。厦门大学发挥其技术培育和人才培养的优势,厦门高新区发挥产业对接、政策指导、创业孵化、资金扶持方面的优势,以此形成产业链,实现高校与高新区的无缝对接,将对高新区很多新型孵化器起到项目、技术、人才输送的作用。

第六节　中南大学:学生创新创业指导中心

中南大学学生创新创业指导中心(以下简称"双创中心")成立于 2005 年,负责全校学生的创新创业教育工作,2015 年被认定为湖南省首批众创空间试点单位,2016 年 9 月入选了国家科技部第三批国家级众创空间。作为高校主导的众创空间,中南大学学生创新创业指导中心最大的特色是,将学生创新创业教育列为众创空间工作的重中之重,也取得了很大的成效。双创中心创立了全国首家由高校运作的大学生创业网站"中国大学生创业网",完善了网上创业素质测评系统和远程网络交流系统,形成了规范的网上创业信息化服务平台,对其他高校众创空间形成了很好的示范和引领作用。

一、将创业教育和人才培养融为一体

"双创中心"的理念是,创新创业教育应该是高校人才培养的重要组成部分之一。因此,有必要在本科生人才培养方案中加入创业学分,将大学生创新创业训练纳入培养方案,建立了"专业教育+创新创业教育"人才培育模式。学校为此专门制定了一系列的相关制度来协调创新创业教育和专业教育之间的关系,包括《大学生创新教育行动计划》《大学生创业教育及创业素质提升工程》《中南大学大学生创新训练计划实施方案》等文件。2018年1月,学校又在总结学生创新创业过程中遇到的新问题的基础上出台了《中南大学本科生创业休学实施细则》,允许条件成熟的在校本科生保留学籍休学创业,建立了灵活的学习制度,完善创新创业人才培养体系,解决了创业和专业知识学习之间的矛盾,使创业真正地和人才培养融为一体。该实施细则通过鼓励教师担任学生创业项目导师以及更加完善的联系人制度,既可以及时掌握学生动态,也可以在必要时对创业学生加强指导和帮扶。

在课程设置上,根据中南大学《2021年国家级大学生创新创业训练计划项目年度进展报告》,中南大学在全校选修课中先后开设创新创业课程101门,包括创新理论培训课和创业实训指导课。2015年开始,中心启动了创新创业教育课程建设项目,建设专门课程群。同时加强创业教育教材建设,积极编写创业教育教材,编写了《创业设计与实务》等教材30部。2020年,《创业基础:创办你的企业》等7门创新创业教育课程获全国首批一流本科课程。2020年,创新创业教育课程《分子生物学》《管理素质与能力的五项修炼——跟我学管理学》首批上线教育部国际平台。对新生实施"苗圃行动",培养学生的创新创业意识,每年10~11月,学校组织新生参观学校创新创业教育实践基地;连续13年在寒假开展"创新创业从点滴做起"实践调研,对高年级尤其是毕业生推进创业指导,鼓励条件成熟者学以致用,形成切实可行的创业项目。

二、设立类型丰富的"大创"项目

中南大学学生创新创业指导中心为推动创新创业项目的常态化,设立了类型丰富的创新创业项目并予以资助。根据资助经费来源和项目内容的不同,项目类型可以分为八大类型:大学生创新创业训练计划项目、大学生研究性学习和创新性实验计划项目、本科生自由探索计划项目、扶贫专项资助项目、米塔尔学生创新创业项目、蔡田碹珠学生创业项目、佳纳学生创业项目、校企合作项目。这八大类型项目涵盖了从创新创业想法到变成最终优秀"双创"项目的各个环节,有效激发了学生创新创业的激情。

大学生创新创业训练计划项目包含创新训练、创业训练和创业实践项目,要求在导师的指导下进行。大学生研究性学习和创新性实验计划项目是本科生团队在导师的指导下自主进行研究性学习,自主进行实验方法的设计、组织设备和材料、实施实验、分析处理数据、撰写实验报告、撰写论文等工作。本科生自由探索计划项目鼓励具备创新潜质和对科学研究兴趣浓厚的学生,不需要配备指导老师,项目的选题内容要求是本学科和交叉学科的前沿和基础研究,具有探索性、原创性和创新价值或一定理论意义。米塔尔、蔡田碹珠、佳纳、校企合作项目这四类学生创新创业项目最主要区别是经费来源不同,它们的共同目标是扶持大学生自主创业,重点支持具有自主知识产权、有潜在经济效益和社会效益或能够形成新兴产业的项目。

三、通过创业大赛营造浓厚的创新创业氛围

在上述丰富的创新创业项目的基础上,中南大学学生创新创业指导中心还通过举办年度大学生创新创业大会,常年组织举办创新创业沙龙、专家讲座、培训等活动,在校园里形成了浓厚的创新创业氛围。每年的创新创业大会期间,中心会将各个创业项目制作成展板在教学区展示,同时开通网络项目展示和"网络人气奖"投票。创新创业大会结束之后,双创中心会编撰《中南大学大学生创新论文集》,集中反映学校实施大学生创新创业训练的

成果。

另外，双创中心鼓励学生参加全国各类由省部级以上政府部门组织的创新创业竞赛，如教育部"互联网+"大学生创新创业大赛、科技部创新创业大赛等，并设立米塔尔优秀学生创新创业奖，对中南大学的优秀创新创业项目进行奖励。

中南大学学生创新创业指导中心在大学生创新创业教育方面取得很好的效果，继2016年入选了科技部第三批国家级众创空间之后，又被评为2017年湖南省两家省直优秀创业孵化基地之一，位于湖南省83家省级创业孵化基地之首。

第七节　四川大学：智造梦工场

"智造梦工场"是四川大学大学生创新创意实现平台，也是"双创"基地建设的基础性平台，以人工智能、先进制造、创新设计、数字媒体为重点方向。

一、现代化硬件设备

四川大学"智造梦工场"众创空间位于四川大学科学与艺术汇聚大楼，空间规划上主要包括公共服务区域和四个子平台。公共服务区域面积为2294平方米，包括培训交流空间、成果展示空间、行政服务空间、项目团队空间；四个子平台各约2000平方米，主要包括人工智能、先进制造、创新设计、数字媒体四个子平台，子平台突出开放共享、规范有序，利于平台仪器硬件的方便使用和高效运行。人工智能平台购置配备网络服务器、测试软件等设备，为从事与移动互联、大数据、云计算、人工智能等相关的创业团队提供低成本、便利化、全要素的开放式综合交流平台。先进制造平台配备激光雕刻机、数控机床、3D打印机，培养和提升学生对材料、结构、功能和过程等的理解和运用能力，通过实践操作将奇思妙想变为现实。创新设计平台通过配备图形工作站、专业图形扫描及宽幅打印设备、三维建模和场景渲染软件等，方便学生进行文化艺术创意产品的开发和艺术创新设计的孵化。数字媒体平台通过配备购置三维数据采集仪、数位屏、三维快速成型机、虚拟抠像设备等，以数字多媒体、虚拟现实技术为重点，引导多学科专业学生共同集聚创新。

二、完备的创新创业项目平台

针对大学生"双创"开放性、多样性和多方参与的特点，充分发挥信息网络实时交互互动优势，实现大学生创新创业以及创意实现所要求的创新思想、市场需求、硬件保障、导师资源、政策信息等多种信息资源的汇聚集聚，实现有效整合和对接，提供综合支持服务。

建设基地网络信息化平台，核心内容主要包括"双创"项目库、软硬件资源支持库、成果推广及市场需求库，分为综合支持服务和智造梦工场实现平台两个子系统，具体包括项目登记与申请、创业政策、导师信息、创业案例、设备预约、设备线上培训、活动推介、咨询服务、融资投资、市场需求、成果推广等栏目，并预留和学校其他"双创"平台以及政府、企业创业平台的信息接口，保持扩展和兼容性。通过建立专门的服务器、网站、手机 APP及其后台软件，完成线上线下的创新创业相关各类信息整合，达成人力、资源、需求、扶持的有效对接，并在后台引入创业动态大数据分析，分析创业趋势、项目红海区，引导学生发掘、梳理创业项目。与国内外投融资信息对接，实现学生创新创业成果在线实时交易。

在项目设计上，四川大学的一个创新性做法是专门成立"企业命题组"。需要联系各领域内的龙头企业，由企业独立命题并创业导师创投资金等，实现由企业携带"人才、课程、命题、资金、平台"进入校园，然后再鼓励师生选择合适的"双创"项目。这种做法避免了师生提出的题目过于理论化和脱离市场需求的情况，也解决了高校找不到合适的创投导师和资金支持的困难，在企业、高校以及学生之间实现了"三赢"。

三、灵活全面的激励制度

"智造梦工场"作为四川大学国家级"双创"基地的一部分,四川大学制定了全方位的鼓励大学生创新创业的制度,既包含对学生的激励政策,也包含对教师的激励政策。这些制度包括《四川大学创新创业教育改革行动计划》《四川大学激励学生创新创业多元化学籍管理办法》《四川大学大学生创新创业训练计划项目管理办法》《四川大学本科课堂教学管理办法》《四川大学校外创新创业导师聘任管理办法》《四川大学创新教育学分管理办法》等系列文件,将创新创业教育融入人才培养全过程,覆盖全体学生。在对教师的激励方面,四川大学将指导"大学生创新创业训练计划"作为教师社会公共服务指标考核单列,作为教师年度考核和职称晋升的必备条件之一。

另外,"双创"基地将"智造梦工场"作为打造典型创新创业团队、遴选培养大学生创新创业骨干的重要途径。为鼓励大学生积极参加全国性的创新创业大赛,专门制订了《四川大学大学生创新创业竞赛与学科竞赛管理办法》,取得了很好的效果。2015 年参加首届中国"互联网+"大学生创新创业大赛就获得 2 金 1 铜和集体奖;在 2016 年第二届中国"互联网+"大学生创新创业大赛中,四川大学获得 2 金 2 银 1 铜以及集体奖;在 2017 年的第三届中国"互联网+"大学生创新创业大赛中,四川大学获得 3 金 1 银 1 铜以及集体奖;另外,四川大学连续四届获得"挑战杯"中国大学生创业计划竞赛金奖。

第八节　南京大学:"科创之星"

一、南大特色:"5-4-3 双创体系"

南京大学是首批被确定为国家级"双创"示范基地的四所高校之一,

"科创之星"大学生众创空间（见图8-2）是南京大学"5-4-3双创体系"建设的重要实训平台。"5-4-3双创体系"是南京大学经过十多年的实践摸索出来的一套"双创"体系，包括课程、讲堂、训练、竞赛、成果孵化"五位一体"的创新创业教育体系，创新、创意、创造、创业"四创"融合的成果转化孵化平台，校校协同、校地协同、校企协同的三个协同体制机制。

图8-2　南京大学"科创之星"大学生众创空间外观

南京大学"科创之星"大学生众创空间一期在建面积3000平方米，于2016年9月正式投入使用，包含3D打印室、机器人人机互动工作室、陶艺创意空间、VR虚拟现实工作室、创客交流室及创业沙龙室等不同功能的体验空间，可开设创新创业课程、沙龙和培训，是学生跨学科交流创新创业心得与体验、实践创新创业奇思妙想的乐园。2018年初投入使用的"科创之星"大学生众创空间二期新增面积约5000平方米，"双创"训练项目成功立项的团队可申请进入创新创业实训中心进行实践活动。众创空间二期旨在提供集教学、实验、试验、运营为一体的创新、创意、创造、创业教育与孵化示范性自主实践平台，满足学生将奇思妙想转变为现实成果的全过程硬件支撑。

二、"五位一体"的具体内涵

"科创之星"众创空间在建设过程中充分体现了将创新创业教育将融入人才培养方案的宗旨，围绕创新创业课程、讲堂、训练、竞赛、成果孵化"五位一体"分层递进地开展，贯穿人才培养全过程。"科创之星"众创空间是将这五个方面紧紧联系在一起的关键环节，在每个方面都取得了重要进展。

在创新创业课程设计方面，借助"科创之星"提供的硬件基础，依托国际创新创业学院吸纳国际资源，提供丰富的创新创业课程。根据南京大学"双创"示范基地的发展报告，目前课程数量超过800门（其中南京大学和金陵学院本科生创新创业课程超过700门、研究生创新创业课程超过100门）。学校鼓励学生在完成本专业教学计划的同时，根据个人兴趣和发展意愿有规划地选修"双创"课程、参与"双创"训练项目，加入"双创"实验班。创新创业海外研修项目将通过跨国界体验学习和实践实习项目，让学生感悟不同地区和国家的创新文化、创业氛围，形成个性化的"双创"思路，培养具有开拓性思维、国际化视野的"双创"人才。

除了提供丰富的创新创业课程之外，众创空间还提供了创新创业大讲堂。通过邀请知名企业家、成功创业校友、创新创业专家来校举办创新创业系列讲座，让学生和创新创业实践保持零距离，充分了解创新创业过程中的各种酸甜苦辣，在校园营造良好的创新创业氛围。通过全校性的"双创"讲座开设，很好地培养了学生创新思维能力，拓展了学生在创新创业方面的视野与知识面，激发学生创新创业的热情，以兴趣驱动激发学生创新创业的兴奋点。

在经过理论学习之后，紧接着就要进行创新创业训练。众创空间提供了丰富的、包括各层级的创新创业项目资助计划，鼓励学生自由组团，根据兴趣将奇思妙想以训练项目的形式从抽象变具象、从雏形变成果。立项类型包括创新、创意、创造、创业四类，每年立项1000项左右。

除了日常的常规创新创业项目，"双创"基地还以众创空间为载体每年举行创新创业竞赛。竞赛面向全校学生，既能有效激发学生创新创业的激情，强化训练学生的创新创业思维与能力，形成良好的创新创业校园环境，又可以为全国性和国际性的创新创业大赛进行校内选拔。对学生参加国内外高水平创新创业竞赛的，如全国大学生"互联网+"创新创业大赛、挑战杯系列赛事、全国大学生电子设计竞赛、全国大学生光电设计竞赛、全国大学生数学建模大赛及国际遗传工程机器竞赛、Student Contest on Software Engineering 等予以额外的资助和奖励。

在创新创业成果孵化方面，通过设立南京大学学生创业扶持基金，帮助扶持学生创新创业项目成长，对能够落地的"双创"项目予以专项资助进行孵化，通过孵化来整合社会资源，促进科技成果转化，为"双创"项目提供稳定发展的支持服务。

通过这"五位一体"的组合拳，南京大学"科创之星"众创空间形成了完善的创新创业体系，有力地支撑了双创基地的建设。

第九节　上海十大高校众创空间特色比较

2016 年 1 月 18 日，由上海交通大学、复旦大学、上海财经大学、同济大学、华东师范大学、上海理工大学等高校发起成立了创新创业教育联盟，联盟涵盖遍布上海的 30 多所高校。创新创业教育联盟旨在加强上海高校之间创新创业教育合作和信息共享，信息共享的内容包括课程信息、创业导师信息、创业项目资助信息，以及众创空间的运行模式及相关制度等多方面。创新创业教育联盟让上海各高校的招生空间连成一体，共同服务于上海高校学生的创新创业活动。上海各个高校的众创空间，既各具特色又融为一体，使各项创新创业活动进行得更加便利。表 8-9 归纳了上海市十所高校众创空间和"双创"教育、实践的做法和经验。

表8-9 上海市十大高校众创空间特色比较

高校名称	宗旨与口号	创新创业教育及特色	创新创业实践指导	后期服务	重点及前沿领域
上海交通大学	以学生为中心的"双创"体系	全流程、全方位创业课程体系;由安泰经济管理学院、媒体设计学院、法学院以及多家业界专家共同设计制定课程体系;重视发挥理工科特长,与科技行业巨头联合开发课程,如"大数据"和"人工智能"课程(IBM联合建设)、"AI技术发展以及行业应用"和"技术分享课"(与百度联合建设)、"工业智能导论"和"工业智能—数据治理和分析"课程(亚马逊联合建设)、"5G+开发与应用"(与华为联合建设)等	精准培养,精准创业辅导,精准孵化服务;多种方式、多种类型创业实践:创业见习、"合歌杯"创业计划大赛、"海峡杯"两岸青年创新创业周、慧谷创业训练计划、训练营、大学生创业训练计划、"宣怀班"等	与"零号湾""紫竹"高科技园区"对接,提供项目落地,壮大等进一步发展的各项跟进服务	人工智能、集成电路、生物医药、大数据、大健康、大环保
复旦大学	打造全要素的创新创业实践与预孵化平台	本科教育"2+X"改革,打造多层次、全方位课程体系,集"专项课程""认定课程""海外引进课程""创新创业大讲坛"的"五位一体"创新创业课程,形成"两个层次、五种类型"的创新创业课程体系	"三区联动",形成"复旦创新走廊"创业化体系;着力打造"空间载体、科研服务、技术平台、创业孵化、科技金融"五位一体的创新创业生态体系;打通从创新意识到创业孵化的"双创"全链条,打造全要素的创新实践与预孵化平台	创建"复旦创新走廊",提供全方位服务	人工智能、集成电路、精准医学、大数据、大健康等

续表

高校名称	宗旨与口号	创新创业教育及特色	创新创业实践指导	后期服务	重点及前沿领域
同济大学	集成校内外资源，坚持"以创新为基础的创业"	遵循"北上、南下、西进、落地"的原则，形成"一基地、多园区"的规划目标，强化"学校、企业、政府、社会、资本"五个要素全方位互动，构建起从创新创业教育、实践到成果转化交易、企业孵化落地等一条龙服务体系	打造创新创业大实践资源平台，产链："校内外基础实践平台、产学研结合的创业实践平台、重大科研设施和成果转化平台，环同济知识经济圈战略平台"	面向全校开展创业咨询和创业能力诊断受理；提供全面的创业政策解析和自我创业能力分析，帮助学生正确审视自己、分析自己、了解自己	
华东师范大学	培植"教育家情怀、企业家精神"创业文化	构建全链条创新创业人才培养体系，同时提供个性化、模块化人才培养方案；建设多层次课程：创新创业能力训练计划，创新创业俱乐部，"人才学院""精英教育实践班"等，强调将创新创业教育贯穿人才培养全过程	打造"教育科技+文化创意"特色的"1+2+10"孵化基地体系，项目提供实践实训，大赛指导，开展孵化、基金申请等全方位全程化服务	设立创业导师工作室、教授工作室，企业服务办公室，开展针对性指导和一站式服务	通识教育，精英教育
华东理工大学	"提升大学生创新创业能力，实现学生全面发展"	以"工程技术+商业管理"为手段，系统构筑本研一体的 LCS（Lab＋Club＋Shop）创新创业教育模式；建设 7 个创新教育基地，5 个科实验教学中心创新平台	打造"创新一苗一圃一孵化一加速一产业"一体化的全链条指导孵化转化服务体系；成立"三大专家组"：由"长江学者"组成的技术服务专家组，由成功创业校友组成的创业服务专家组，由知名投资人组成的投融资服务专家组，全过程、立体化地指导学生创业实践	与徐汇区、奉贤区人力资源和社会保障局加强合作，与"上海市创业示范基地"华理科技园品牌创梦台紧密对接，为学生创业项目和团队提供全面指导服务	

续表

高校名称	宗旨与口号	创新创业教育及特色	创新创业实践指导	后期服务	重点及前沿领域
上海财经大学	推进"服务+"创新创业人才培养	构建"全覆盖、有重点、分层次"的创业教育体系，形成"服务+"创新创业教育特色，建设具有鲜明财经特色和影响力的创新创业人才培养基地	设立培训中心、孵化中心、实践中心等，提供创新创业教育全流程指导，培养孵化一批金融、环保、文化艺术等领域的"服务+"创新创业型项目	加强与长三角乃至全国的创新创业教育协同发展，提供各项后期服务	金融、环保、文化艺术等领域
上海外国语大学	以提高人才培养质量为目标，推进素质教育、创新人才培养机制	通过举办校友沙龙、校友工作坊、校友开讲公共课程，为学生创业提供指导；启动"琢玉计划——创新创业实训营"项目，推动"双创"实训营社会化、国际化；开启Lighthouse咨询室，提供一对一指导	着力优化创新实验、科技创新、创业实践、专业实训、产学研用"五位一体"的"双创"实践平台体系；建立创业指导服务流程和创业动态数据库，实现全程指导；打造"八位一体"创新创业绿色通道，包括创业门诊、创业基金、工商注册、园区入驻、商标注册、专利申请、财税咨询、股权咨询等	所有科技创新资源及"双创"实践平台、全天候、全方位面向全体学生开放	
上海大学	培育"科创先行者""实践梦想家"	打造涵盖本科生和研究生的"教育引导+活动牵引+平台支撑""校校、校企、校地"多层次、有特色的科创能力与实践能力的培养；实施"未来合伙人计划"实验班	搭建分层次、多样化的创新创业合伙人计划；实施"未来班"实践班，开展优秀创业校友寻访活动，挖掘学生中的"科创先行者""实践梦想家"等创新创业典型	联动校内外资源，搭建全流程服务平台，提供全方位服务	

续表

高校名称	宗旨与口号	创新创业教育及特色	创新创业实践指导	后期服务	重点及前沿领域
东华大学	坚持"诚信弘毅、尚实创新"	培育企业家精神，把"尚创"理念融入创新创业教育、实践，指导服务等多个方面，营造出"有创意、善创造、能创新、敢创业"的文化氛围	建设"尚实创新"的生态系统，聚焦"文化创意"和"科技创新"两大领域，整合资本、人才、科技、创意等创新要素，加强战略融合	提升专业化水平和服务质量，提高孵化品质和效益	"文化创意"和"科技创新"
上海理工大学	坚持"工程型、创新性、国际化"特色，培养"专业+创业"复合型"双创"人才	通过"创新创业课程由课堂教学为主转向实践体验为主、创新创业项目由学术研究为主转向科技应用为主、创新创业导师由校内教师为主转向校内外专兼结合、创新创业平台由分散配置转向系统集成协同育人"四个转变，构建系统化、进阶式的创新创业教育体系；每年开展大学生"双创杯"训练营活动	建立了"国家—上海市—学校—学院"四级大学生创新创业训练体系，重点打造创业交流洽谈中心、创新指导培训中心、创新项目孵化中心，深化推进"三区联动"（大学校区、科技园区、公共社区）	通过文体活动、路演活动、政策培训等提供全过程服务	工程型

资料来源：上海市人力资源和社会保障局，http：//rsj.sh.gov.cn/index.html。

由于高校对大学生创新创业活动非常重视，并积极打通学生创新创业环境过程中的各个堵点。上述 10 所高校中，上海交通大学、复旦大学、同济大学、上海理工大学、华东理工大学、上海财经大学 6 所高校入选教育部深化创新创业教育改革示范高校。另外，上海交通大学、复旦大学、上海科技大学 3 所高校相继入选国家"双创"示范基地。上海交通大学、复旦大学、上海财经大学、上海大学、同济大学、上海理工大学、上海工艺美术职业学院、东华大学、华东师范大学、上海对外经贸大学 10 所高校入选"全国创新创业典型经验高校"。

为了便利创新创业项目的管理，上海市政府专门成立了上海市大学生创新创业训练计划平台。根据上观网的数据①，2016～2020 年，上海市级大学生创新创业训练计划立项项目累计近 2 万项，入选国家级项目 8000 余项，参与学生数十万人。上海同时在全市建设 300 余个大学生创业园、学生创业孵化基地、小微企业创业基地、国家级工程实践教育中心、大学生校外实践教育基地等实习实践平台。高校成立 500 余个"双创"协会、创业俱乐部等社团。

2016 年，上海交通大学、复旦大学联合其他几所高校成立了上海市创新创业教育联盟。2018 年 6 月 29 日，在首届上海市高校创业教育与指导工作研讨会上，上海交通大学又牵头发起了关于上海市高校建立创业教育与指导的合作交流机制的倡议，旨在打通各高校创业教育的指导和交流通道，汇集各校特色优势，共建全链条创业课程体系，构筑创业课程、创业导师共享平台，建立创业教育、创业指导、创业学生的跨高校交流机制。

---

① 资料来源：https：//sghexport. shobserver. com/html/baijiahao/2020/12/04/309108. html。

第五部分　结论

第九章　结论与政策建议

自 2015 年以来，在中央到地方各级政府的推动下，我国高校众创空间建设在摸索中前进，取得了很好的效果。要进一步发挥高校众创空间在"大众创业、万众创新"方面的推动作用，需要在以下八个方面做足功夫，才能构建完善的"双创"生态系统。

一、清晰定位，普惠式"双创"教育

高校众创空间的服务对象主要是高校学生，因此应有别于企业孵化器。企业孵化器通常是针对有一定基础和实力的创业企业，具备良好的专业团队、有竞争力的技术产品及知识产权。企业孵化器为入孵团队提供了较多的优惠政策，也设定了门槛，有严格的申请条件，要经过申请、审批等流程，并不是所有的申请都能获得批准。在校大学生一般没有创业经验，高校众创空间的目标定位应该是"点燃第一粒火种"。正因为如此，国务院发布的《关于发展众创空间推进大众创新创业的指导意见》明确要求高校众创空间应该具备"低成本、便利化、全要素、开放式"的特征。

要利用好大学生这一潜力巨大的人力资源宝库，实现"大众创业、万众创新"的热烈场景，众创空间的门槛一定不能高。但在实际调研中笔者发现，不少地方高校众创空间的门槛其实不低，有的甚至提出了高起点、高标准、高要求，将高校众创空间和传统的企业孵化器等同起来，这无疑会将许多没有创业意识的大学生挡在门外。也正因如此，很多大学生表示他们并没有感受到高校众创空间的影响。厦门大学一火炬极客空间的做法非常值得提倡，火炬极客空间对学生和社会人士完全开放，包括免费使用其引进的高端仪器设备。

二、统一思想，将创业教育融入到人才培养中

高校的优势在于有一套成熟的专业教育体系和完备的课程设置体系，劣势在于创业教育体系不够完善。创业教育在很多高校中也只是近些年才开展，而且重视程度不够。要使高校众创空间真正成为"双创"人才的摇篮，必须要统一思想，发挥高校传统的专业教育优势，将创业教育融入的人才培养中。作为首批国家级"双创"示范基地的四所高校之一，四川大学的做法是围绕创新创业精神、意识、知识、能力、品质五个核心要素，大力推进人才培养方案改革，将创新创业教育作为基本要求，与专业教育有机融合。

为了实现将创业教育很好地融入人才培养中，首先必须在制度上使两者能无缝融合。作为科技部第三批国家级众创空间，中南大学学生就业指导中心的经验是在本科生人才培养方案中加入创业学分，和其他专业课程学分同等重要，成为人才培养的必要内容。中南大学为此专门制定了一系列的相关制度来协调创新创业教育和专业教育之间的关系，包括《大学生创新教育行动计划》《大学生创业教育及创业素质提升工程》《中南大学大学生创新训练计划实施方案》《中南大学本科生创业休学实施细则》等文件，从制度上为高校众创空间的建设质量提供了保障。

三、坚持市场化导向

高校主导建设和管理与市场化导向之间看起来似乎是矛盾的，实则不然。高校众创空间的建设资金虽然来自于财政资金，但在具体运作的过程中，由于创新、创业项目最终要面对市场，需要到市场中搏击，因此高校众创空间在项目的遴选上也应当坚持以市场为导向。实际中具体的做法是，高校众创空间对于入选的创业项目会提供包括资金在内的多种支持，会邀请多位专家对所申请的项目进行审核，审核机制也像一个微型的发审委。市场化导向体

现在两个方面：一方面，评审专家应该是由市场中成功的创业者和投资人组成，而不能是高校内部没有创业经验的教授。高校教授虽然理论水平较高，但不一定能经得起市场的考验。为了形成相对稳定的创业导师团队，高校众创空间应当鼓励拥有丰富经验和创业资源的企业家、天使投资人和专家学者担任创业导师。创业导师的职责不是传授知识，而是给创业大学生以切实的帮助。例如，上海交通大学"零号湾"的创业导师团包括上市公司董事长、大企业负责人及取得成功的年轻创业者，而且创业导师分布在各行各业，如医疗、互联网、制造业、资产管理等。另一方面，创业导师团在遴选创业项目时要侧重于市场化后的成功率，而不能按照高校里评三好学生或奖学金那样过于强调创业大学生在高校的学习成绩，市场中成功的创业者和高校里的学霸并不一定有着必然的联系甚至可能没有联系。

四、完善全要素创业生态系统

高校众创空间门槛低并不意味着服务质量低，相反，要做到高质量，具体表现在"便利化、全要素、开放式"。高校众创空间的使命是将大学生"扶上马、送一程"，这要求众创空间打破时间和空间的局限，针对大学生创业者的习惯，减少创业过程中不必要的管理措施，通过创新服务方式、简化服务流程来为创业者提供更为直接、便利的服务。所谓的全要素主要体现在两方面：一方面，可以为创新创业者提供工作空间、学习空间、沟通空间、网络空间和资源共享空间，使众创空间同时也是年轻创客们的生活空间，这样大学生们的精力和注意力都会集中在创新和创业上。另一方面，还要为创新创业者提供创新创业链条中各个环节的服务，包括教育培训、投融资接洽、商业模式构建、政策咨询申请、工商注册、法律财务、媒体资讯以及餐饮休憩等全方位创新创业服务。

从某种意义上来说，理想化的众创空间应当是一个服务于大众创新创业的生态体系，应当包含从创意产生到创业落地整个过程的完整链条。四川大学通过打造综合的网络信息平台，健全要素生态系统，包括综合支持服务和智造梦工场实现平台两个子系统，具体包括项目登记与申请、创业政策、导师信息、创业案例、设备预约、设备线上培训、活动推介、咨询服务、融资投资、市场需求、成果推广等栏目，并预留和学校其他"双创"平台以及政府、企业创业平台的信息接口，保持扩展性和兼容性。

五、瞄准科技前沿，以"前沿"换资金

不少地方政府部门在制定众创空间发展制度时都没有明确提出要瞄准科技前沿，实际上，对高校众创空间的发展来说，瞄准科技前沿是其重要使命。作为"国之重器"，高校众创空间的发展应当体现国家战略。高校总是站在高新技术前沿，具备很好的人才基础。因此，高校众创空间应该鼓励创客们将"互联网+"、大数据、人工智能作为重点突破方向，结合先进的互联网工具，以科技创新为核心推动全面创新，帮助中国经济成功跨越"增长的陷阱"，实现国家发展弯道超车。

瞄准科技前沿还有一个好处是，可以用"前沿"换取企业的资金支持。高校众创空间在设立时可以依靠学校先期投入开展基础设施建设和创新教学项目开发，但后期运行经费应当多元化，可以来自于合作企业、政府专项基金、社会捐助和教育培训等，最好实现自主运行、良性循环。美国一些知名创客空间，如麻省理工学院（MIT）的创客空间 Media Lab 和加州大学伯克利分校的 Berkeley CITRIS 创客空间等，其经费来源主要是合作企业。合作企业之所以愿意资助是由于这些创客空间的研究项目对企业来说有足够的吸引力，这就要求高校众创空间要能够拿得出高质量的研究项目。

高校众创空间应当鼓励高校专业技术人员及硕士、博士研究生瞄准科技前沿，在"互联网+"、大数据、人工智能等高新技术领域提出创业项目。当然，这需要高校在教师和大学生创业的人事制度管理方面具备较大的包容性。对于高校专业技术人员带项目、成果离岗创新创业的，经所在单位同意，在若干年内保留人事关系，与原单位其他在岗人员同等享有参加职称评聘、岗位等级晋升和社会保险等方面的权利；高校学生从事创新创业活动，经历和成果可按相关规定经考核折算为学分，以及经高校同意，学生休学创业可以在一定年限内保留学籍。这些包容性制度将能够有力地促进高校和高校众创空间的协同发展，为我国占领科技的制高点提供保障。

六、强化"全面、全流程"服务

国务院《发展众创空间工作指引》指出，众创空间的发展重在完善和提升创新创业服务功能，要通过便利化、全方位、高质量的创业服务，让更多人参与创新创业，让更多人能够实现成功创业。创新创业是一项系统工程，因此，众创空间在服务上也应当系统化、全面化，要涵盖创新创业服务全过程，包括政策服务、孵化服务、融资服务以及后端的知识产权服务等。例如，在技术服务方面，众创空间应当为创业者提供检验检测、研发设计、小试中试、技术转移、成果转化等社会化、专业化服务，提高技术支撑服务能力。在融资服务方面，可以利用互联网金融、股权众筹融资等方式，加强与天使投资人、创业投资机构的合作，完善投融资模式，吸引社会资本投资初创企业。在孵化服务模式方面，可以探索以股权投资等方式与创业企业建立股权关系，在众创空间与创业企业建立由天使投资人、成功企业家、资深管理者、技术专家、市场营销专家等组成的专兼职导师队伍，制定清晰的导师工作流程，完善导师制度，建立长效机制。在后端的知识产权服务方面，则应当包含知识产权申请、运营，为知识产权交易、投资、质押等提供服务，促进知识产权转化运用。

七、重塑创业教育体系，实现与专业教育无缝衔接

将创业教育充分融入到人才培养中不能只停留在口号上，应该通过重塑创业教育体系并落到实处。高校传统的教育教学方法及课程体系和众创空间的教学方式及课程体系存在着较大的差异。多数高校的创新创业教育仍然同传统的教育方式一样，包括课堂讲授、课下作业、背书、考试，最后以拿到学分为目标。而众创空间创新创业教育的教学方法选择则非常灵活、形式多

样，除了传统的讲授法以外，还包括案例教学法、体验教学法、模拟教学法等。

为了能将两者有效地衔接起来，有必要对课程体系、教学方法进行重新设计，突出人才培养的创新性、实践性和技术技能的应用性。目前多数高校的创业教育主要以各种形式的创业大讲堂为主，根据笔者对学生的调研，很多学生为了拿到学分而去听课，听的时候热血澎湃，听完了就烟消云散。笔者认为，激发学生的创业激情，更重要的是要持久，应当定期开展小规模有针对性的创业论坛、创业训练营等活动，建立创业实训体系，组织讨论会、竞赛、体验和实践活动等，这样才能营造更好的创业氛围。南京大学将"双创"教育课程重塑为"课程、讲堂、训练、竞赛、成果孵化"五位一体的教学体系，除了数量超过 800 门的课程之外，丰富多彩的讲堂、训练、竞赛等教学形式大大激发了高校学生的创业激情，营造了良好而持久的创新创业氛围。四川大学专门制定了《四川大学大学生创新创业竞赛与学科竞赛管理办法》，取得了很好的效果。2021 年，四川大学获得 208 项国家级大学生创新创业项目，获资助 208 万元。

八、建立区域性或全国性众创空间联盟

经过多年的发展，一些重点高校都已经建立了成熟的众创空间管理体系，如"五位一体课程体系""三大平台""全流程创新创业服务""全要素生态系统"等已经成为重点高校众创空间发展的标配和共识。

但是，众创空间的发展情况在高校之间极不均衡。对大多数非重点高校或者地方高校来说，要想实现这一共识则存在一定的困难，在众创空间建设资金投入、创业导师选择、场地设施、创业项目资金配套、后续跟踪服务等诸多方面皆不能落实到位，从而使众创空间的发展效率大打折扣。根据中国高校众创空间联盟发布的数据，中国"互联网+"创新创业大赛获得金奖的省际分布情况呈现明显的"二八效应"，也就是 80% 的金奖被 20% 的省份夺得。而金奖的校际分布更加不均衡，0.19% 的高校拿走了 27.5% 的金奖，

0.54%的高校拿走了50%的金奖。①

　　缓解上述问题的有效方法之一是由教育部门牵头成立区域性或全国性的众创空间联盟，在联盟内部实现各种资源共享，一方面可以解决众创空间建设资金的不足，另一方面也可以使联盟里的创投导师资源和创业资金得到更有效的利用。例如，2016年2月，由上海交通大学、复旦大学、上海财经大学、同济大学、华东师范大学、上海理工大学等高校发起成立了上海高校创新创业教育联盟，对于提升上海市全体高校众创空间的效率有很大帮助。另外，由浙江大学联合清华大学、北京大学等众多高校发起成立的中国高校众创空间联盟也发挥了重要作用。当然，这些联盟本身也存在一些管理上的问题，比如，由于高校之间相互独立，资源共享的功能并没有得到很大的发挥，往往存在发起单位非常积极，但参与单位积极性不够的现象。当发起的高校实力不够强或不够资深时，这种现象更加突出。不过总体上来看，区域性众创空间联盟有助于提升各高校众创空间的效率。

　　总之，我国的高校众创空间目前还处于起步阶段，在"985""211"和其他普通高校中发展非常不均衡。这些示范性高校众创空间的经验和做法对其他高校具有非常好的借鉴作用，也为政府评估高校众创空间提供了很好的参照标准，除此之外，区域性或全国性的众创空间联盟对于一些缺乏资金、经验的普通高校来说也能够起到很大帮助作用。

---

　　①　资料来源：中国高校众创空间联盟网站，http：//www.msacu.com/#/app/home/reason。

参考文献

［1］陈夙，项丽瑶，俞荣建．众创空间创业生态系统：特征、结构、机制与策略［J］．商业经济与管理，2015（11）：35-43．

［2］陈娇娇．世界征服者的学校——斯坦福设计思维研究院［J］．世界科学，2012（9）：35-36．

［3］陈卓武．系统思维视域下高校众创空间体验式创新创业人才培养探索［J/OL］．系统科学学报，2023（1）：126-129，136［2022-04-27］．http：//kns.cnki.net/kcms/detail/14.1333.N.20220222.0839.048.html.

［4］重庆市教育委员会．关于建设高校众创空间促进师生创新创业的实施意见［Z］．2015-08-26．

［5］崔海雷，吕爽．"多维协同、一体两翼"众创空间模式创新研究［J］．宏观经济研究，2020（7）：87-96．

［6］崔璐，弓慧洁，陈纤纤．河南省高校众创空间发展现状、问题及对策研究［J］．创新科技，2019，19（12）：59-64．

［7］董坤祥，张会彦，侯文华．众包竞赛中解答者中标影响因素研究［J］．科技进步与对策，2016（1）：28-32．

［8］费友丽，田剑，邓娇．众包竞赛中欺诈行为的成因与应对策略研究［J］．江苏科技大学学报（社会科学版），2015（4）：82-86．

［9］郭文波，韩祺．网络化众包发展面临的问题及对策［J］．宏观经济管理，2016（1）：76-78．

［10］国务院办公厅．关于发展众创空间推进大众创新创业的指导意见［EB/OL］．［2015-03-11］．http：//www. gov. cn/zhengce/content/2015-03/11/content_9519. htm.

［11］华冬芳．众创空间核心资源的配置研究——基于模糊集的定性比较分析［J］．技术经济与管理研究，2020（7）：16-21.

［12］中共杭州市委，杭州市人民政府．《杭州市众创空间管理方法》解读［EB/OL］．http：//www. hangzhou. gov. cn/art/2022/1/28/art_12296183 60_7393. html.

［13］黄钟仪，向玥颖，熊艾伦，苏伟琳．双重网络、双元拼凑与受孵新创企业成长：基于众创空间入驻企业样本的实证研究［J］．管理评论，2020，32（5）：125-137.

［14］科技部．发展众创空间工作指引［Z］．2015-09-28.

［15］科技部火炬中心．关于公示第一批众创空间的通知［Z］．2015-11-19.

［16］科技部火炬中心．关于公示第二批众创空间的通知［Z］．2016-02-15.

［17］科技部火炬中心．关于公示第三批众创空间的通知［Z］．2016-09-12.

［18］科技部火炬中心．关于2017年度拟确定为国家备案众创空间名单的公示［Z］．2017-12-08.

［19］科技部火炬中心．关于2018年度拟确定为国家备案众创空间名单的公示［Z］．2018-12-08.

［20］科技部火炬中心．关于2019年度拟确定为国家备案众创空间名单的公示［Z］．2019-12-13.

［21］科技部火炬中心．关于2020年度拟确定为国家备案众创空间名单的公示［Z］．2020-03-24.

［22］李双金，郑育家．高校众创空间的组织模式选择——基于控制权的视角［J/OL］．上海经济研究，2018（8）：37-44. DOI：10.19626/j.cnki.cn31-1163/f.2018.08.005.

［23］李双金．加快建设统一开放、竞争有序的现代化市场体系［J］．上海经济研究，2020（2）：19-24.

［24］李双寿，杨建新，王德宇，等．高校众创空间建设实践［J］．现代教育技术，2015，25（5）：5-11.

［25］刘程军，王周元晔，杨增境，周建平，蒋建华．浙江省众创空间时空演变及其经济增长效应［J］．华东经济管理，2020，34（6）：19-26.

［26］刘榆潇，蓝雅，石永东，贾礼洲．高校众创空间创业环境对初创企业绩效的影响研究［J］．科技管理研究，2020，40（21）：113-120.

［27］吕秋慧．入驻众创空间支持跨境电商新创企业成长研究——基于倾向得分匹配法的分析［J］．经营与管理，2020（7）：15-20.

［28］天津市人民政府．关于发展众创空间推进大众创新创业政策措施的通知［Z］.2015-05-11.

［29］王海花，熊丽君，李玉．众创空间创业环境对新创企业绩效的影响［J］．科学学研究，2020，38（4）：673-684.

［30］王海花，熊丽君，谢萍萍．创业生态系统视角下众创空间运行模式研究——基于国家备案的上海众创空间［J］．科技管理研究，2020，40（2）：222-231.

［31］王占仁，刘海滨，李中原．众创空间在高校创新创业教育中的作用研究［J］．思想理论教育，2016（2）：85-91.

［32］王占仁．"广谱式"创新创业教育的体系架构与理论价值［J］．教育研究，2015，36（5）：56-63.

［33］王占仁．中国创业教育的演进历程与发展趋势研究［J］．华东师范大学学报（教育科学版），2016，34（2）：30-38，113.

［34］王亚煦．粤港澳大湾区建设背景下高校众创空间的发展策略研究［J］．科技管理研究，2019，39（24）：72-77．

［35］王亚煦，李香，郑泽萍．高校众创空间创新孵化能力评价——基于模糊层次分析法的实证测度［J］．科技管理研究，2021，41（12）：64-69．

［36］吴刚，薛浩．高校众创空间制度"碎片化"问题及其对策——整体性治理理论视角［J/OL］．高校教育管理，2020，14（5）：76-82．DOI：10.13316/j.cnki.jhem.20200829.009．

［37］徐示波，陈晴．我国众创空间发展现状及优化策略——基于统计数据和问卷调查分析［J］．中国科技产业，2020（5）：63-66．

［38］许亚楠，黄钟仪，王艺，向玥颖．中国众创空间运营效率评价及影响因素研究［J］．科技管理研究，2020，40（4）：80-87．

［39］薛玉香，王占仁．地方高校应用型人才培养特色研究［J］．高等工程教育研究，2016（1）：149-153．

［40］魏亚平，潘玉香．高校"众创空间"创业生态系统内涵与运行机制［J/OL］．科技创新导报，2017（2）：234-237．DOI：10.16660/j.cnki.1674-098X.2017.02.234．

［41］薛浩．基于众创空间的大学生创新创业教育对策［J］．当代青年研究，2020（2）：58-62，103．

［42］姚丹，曾君，黎庆芳．新经济形势下应用型本科院校众创空间内育与外部选择的耦合机制研究——以四川省应用型本科院校众创空间为例［J］．经营与管理，2020（7）：132-135．

［43］叶伟巍，朱凌．面向创新的网络众包模式特征及实现路径研究［J］．科学学研究，2012（1）：145-151．

［44］易全勇，刘许，姚歆玥，罗丽莎．众创空间对大学生创客团队创新绩效的影响及机制研究［EB/OL］．［2020-08-01］．http://kns.cnki.net/kcms/detail/50.1028.G4.20200729.0957.002.html．

［45］张超，张育广．基于生态位理论的高校众创空间建设策略研究［J］．科技管理研究，2019，39（8）：82-87.

［46］张红利，曹芬芳．国内外典型图书馆创客空间实践研究和启示［J］．图书馆学研究，2015（22）：9-16.

［47］张孝宇，马莹，马佳．我国农业众创空间的发展模式与困境剖析——基于京沪苏鄂四地的实地调研［J］．科技管理研究，2020，40（4）：40-47.

［48］张育广，张超，王嘉茉．高校众创空间创新发展的演进逻辑及路径优化——基于平台理论视角［J］．科技管理研究，2021，41（17）：69-77.

［49］赵美婷，王泳捷，沈珺琳，江荣灏，王敏．非表征理论视角下的城市再生方式——广州创新创业空间案例［J］．世界地理研究，2020，29（4）：834-844.

［50］周雷，陈捷，黄思涵．基于生命周期的大学生创业企业众筹融资模式研究——来自苏州六大众创空间的经验证据［J］．财会通讯，2020（10）：135-140.

［51］周必彧，邢喻．众创空间赋能形式与培育绩效研究——基于浙江省185家众创空间的实证研究［J］．浙江社会科学，2020（2）：59-66，157.

［52］朱建勇，朱苏芃，战焰磊．高校主导型众创空间高质量发展：动因、绩效与路径［J/OL］．贵州社会科学，2021（11）：105-112. DOI：10. 13713/j. cnki. cssci. 2021. 11. 020.

［53］Athayde R. Measuring Enterprise Potential in Young People［J］．Entrepreneurship Theory and Practice，2009，33（2）：481-500.

［54］Becker G S. Human Capital（2nd ed.）［M］．Chicago：University of Chicago Press，1975.

［55］Carlson S. The "Maker Movement" Goes to College［J］．Chronicle of Higher Education，2015，32（61）：A26-A28.

［56］ Charles E Eesley, William F Miller. Stanford University's Economic Impact via Innovation and Entrepreneurship ［R］. Stanford University, 2012.

［57］ Chen C C, Greene P G, Crick A. Does Entrepreneurial Self-efficacy Distinguish Entrepreneurs from Managers? ［J］ Journal of Business Venturing, 1998, 13 (4): 295-316.

［58］ CITRIS. CITRIS Impact Report 2014-2015 ［EB/OL］. http: //citris-uc. org/wp-content/uploads/2014/10/2014-2015_ CITRISImpactReport. pdf.

［59］ Full Sail University. Full Sail University Launches REBL HQ in Collaboration with Maker Studios (2015) ［EB/OL］. http: //www. fullsail. edu/news/press-room/full-release/2015-03-20-full-sail-launches-rebl-hq-in-collaboration-with-maker-studios/, 2016-03-21.

［60］ Graevenitz G V, Harhoff D, Weber R. The Effects of Entrepreneurship Education ［J］. Journal of Economic Behavior & Organization, 2010, 76 (1) : 90-112.

［61］ Grossman Sanford, Oliver Hart. The Costs and the Benefits of Ownership: A Theory of Vertical and Lateral Integration ［J］. Journal of Political Economy, 1986 (194): 691-719.

［62］ Hart O, Shleifer A, Vishny R W. The Proper Scope of Government: Theory and an Application to Prisons ［J］. Quarterly Journal of Economics, 1997, 112 (4): 1127-1161.

［63］ Hart, Oliver, John Moore. Contracts as Reference Points ［J］. Quarterly Journal of Economics, 2008 (123): 1-48.

［64］ Honig B. Entrepreneurship Education: Toward a Model of Contingency-based Business Planning ［J］. Academy of Management Learning and Education, 2004, 3 (3): 258-273.

［65］ Intel. Integrating Intel® Galileo into Curriculum Plans ［EB/OL］. http：//www. intel. com/content/www/us/en/education/university/what-will-you-make. html/，2016-03-21.

［66］Martin B C，Mcnally J，Kay M J. Examining the Formation of Human Capital in Entrepreneurship：A Meta-analysis of Entrepreneurship Education Outcomes ［J］. Journal of Business Venturing，2013，28（2）：211-224.

［67］McGee J E，Peterson M，Mueller S L，Sequeira J M. Entrepreneurial Self-efficacy：Refining the Measure ［J］. Entrepreneurship Theory and Practice，2009，33（4）：965-988.

［68］New State of America's Libraries Report Finds Shift in Role of U. S. Libraries ［EB /OL］. http：//english. las. cas. cn/ns/highlights/201507/t201507 15_150354. html，2015-07-15.

［69］Song Zheng，Kjetil Storesletten，Fabrizio Zilibotti. Growing Like China ［J］. American Economic Review，2011（2）：202-241.

［70］Stumpf S A，Brief A P，Hartman K. Self-efficacy Expectations and Coping with Career-related Events ［J］. Journal of Vocational Behavior，1987，31（1）：91-108.

［71］Von Graevenitz G，Harhoff D，Weber R. The Effects of Entrepreneurship Education ［J］. Journal of Economic Behavior & Organization，2010，76（1）：90-112.

［72］Wolterbeek M. De La Mare Science and Engineering Library First in Nation to Offer 3D Printing Campuswide ［EB /OL］. ［2015-08-15］. https：//www. unr. edu/nevada-today/news/2012/3d-copier.